MOYENS

D'OPÉRER

UNE FORTE RÉDUCTION

DE LA

CONTRIBUTION SUR LES TERRES,

Au Budjex de l'Etax de 1819,

SANS AFFAIBLIR LES RECETTES.

MOYENS

D'OPÉRER

UNE FORTE RÉDUCTION

DE LA

CONTRIBUTION SUR LES TERRES,

Au Budget de l'État de 1819,

SANS AFFAIBLIR LES RECETTES.

PRIX : 2 francs.

SE VEND

A PARIS, chez { DELAUNAY, au Palais-Royal,
EYMERY, rue Mazarine, n.° 30,
EGRON, rue des Noyers, n.° 49,
LE NORMANT, rue de Seine, n.° 8;

A DIJON, chez LAGIER, rue Rameau;

A BESANÇON, chez GAUTIER,

et dans les principales villes, chez les marchands de Nouveautés.

MOYENS

D'OPÉRER

UNE FORTE RÉDUCTION

DE LA

CONTRIBUTION SUR LES TERRES,

Au Budget de l'État de 1819,

SANS AFFAIBLIR LES RECETTES.

DE tous les sujets de discussions qui peuvent être proposés aux Chambres dans le cours de leur session, il n'en est pas de plus intéressant pour le peuple français que celui qui est relatif aux charges publiques.

Il n'y a qu'un cri sur leur excès, il n'existe qu'un vœu pour leur diminution. La propriété foncière est aux abois, sa valeur va toujours en décroissant. Sans doute l'énormité des impôts qui, quelqu'indirects qu'ils soient, frappent toujours et refluent en dernière analyse sur les terres (*), a beaucoup contribué à cette dépréciation ; mais l'incertitude de l'époque d'un allégement écarte les acquéreurs, effraie les fermiers, contriste l'agriculture, désole les propriétaires fonciers. Le capitaliste, affranchi de l'impôt, est gonflé d'orgueil ; l'or semble sourire à la calamité qui frappe les terres ; à chaque session des deux Chambres il semble avoir remporté une victoire, parce que l'on n'y a rien fait pour contraindre les capitaux à partager avec les terres le poids des charges publiques.

Tout le monde sent combien, dans un état plus agricole que commerçant, est injuste et funeste ce privilége de l'argent sur les terres. L'histoire nous prouve qu'il a fait tomber beaucoup d'empires par le luxe effréné qu'il provoque, par la corruption des mœurs et de la morale, qu'il favorise, et personne n'ose renverser l'idole ! C'est l'arche, quoique profane, que nul n'ose toucher ; c'est la divinité du jour, encensée par l'égoïsme, et à laquelle toutes les opérations de finances semblent avoir dédié

(*) On verra plus bas le développement de cette vérité.

un culte et érigé des autels : les terres ne sont que ses tributaires , ou l'holocauste de ses adorateurs. L'*honneur*, ce principe conservateur des monarchies représentatives et limitées, comme des monarchies absolues, quoiqu'en aient dit récemment quelques écrits fugitifs , l'honneur tel que l'a défini le célèbre *Montesquieu*, n'existe plus : on le confond avec *les honneurs*. Le capitaliste ne l'attache qu'à son trésor, ou, ce qui est le même, aux capitaux qui le représentent. On ne demande plus, pour ainsi dire, si un homme a de l'honneur, mais s'il a de l'argent : c'est jusqu'aux basses classes du peuple que s'est communiquée cette dégradation du caractère français, qui distinguait la nation parmi toutes celles qui couvrent la surface du globe. Il n'est pas jusqu'au plus chétif individu qui, ayant amassé une petite somme, soit par son industrie, soit par quelque heureux hasard, ne préfère la grossir par la voie d'un placement à intérêts, souvent illicites, mais toujours exempts de contributions aux charges publiques, plutôt que d'en acquérir un immeuble et d'attacher ses enfans à sa culture.

L'amour de la patrie n'est pas moins

énervé que le sentiment de l'honneur. Le capitaliste n'a, pour ainsi dire, point de patrie; il n'est attaché qu'au gouvernement qui lui donne l'intérêt le plus haut de son argent, lorsqu'il le place sur lui, ou à celui qui lui montre le plus de tolérance sur les moyens d'en tirer le plus d'avantage au détriment des hommes qui s'adressent à lui. En résultat, c'est l'argent qui s'empare de toutes ses affections : corsaire des terres de son pays, il n'est citoyen que de l'u-nivers.

Je n'entreprendrai pas de détailler tous les funestes effets en politique de cette odieuse préférence accordée par les lois financières à l'argent sur les terres; il suffit de jeter un coup d'œil rétrograde sur le passé et de le comparer au présent, pour les apercevoir tous sous leurs formes hideuses. Ne le reverrons-nous plus ce temps, encore rapproché de nous, où le magistrat se dévouait à l'administration de la justice, pour ainsi dire gratuitement, puisque ses émolumens n'équivalaient pas à beaucoup près à l'intérêt légal du prix de son office ? Satisfait de l'honneur de concourir aux oracles de Thémis, l'honneur de s'asseoir à volonté dans son temple après vingt ans de bons services, jusqu'à la fin de sa carrière, suffisait à son ambition (*)? Ne le reverrons-nous plus ce temps où le militaire, couvert de blessures et de la poussière de trente combats, se croyait bien payé de ses services par sept à huit cents francs de pension et la croix de Saint-Louis? ce temps où le négociant savait se borner à un lucre légitime, et n'aspirait pas à s'enrichir par de honteux moyens; où le laboureur se contentait de la portion du colon pour prix de ses travaux; où l'artisan trouvait dans les siens la subsistance de sa famille, parce qu'il était certain la veille d'être employé le lendemain?

____

(*) On ne savait avant la révolution ce que c'était que *traittemens*, *retraites*, *pensions* à des juges. Tout au plus le doyen d'un Parlement, après quarante ans de services, obtenait 600 francs de pension, que souvent il ne demandait pas. Aujourd'hui, dans les vingt-cinq millions qui forment le budget du ministère de la justice, son Excellence le Garde des sceaux prétend qu'il y a insuffisance pour accorder des retraites, des pensions, etc., etc.; de manière que ce sont les avocats qui retirent la crême de la révolution. La magistrature est-elle bien, aux termes de la Charte, indépendante, quand elle est soumise à l'appât de retraites et de pensions?

Ainsi, la soif de l'or a tout corrompu; et pourquoi? Parce que cet être, indépendamment de son éclat séducteur, est, parmi toutes les matières imposables, la seule affranchie des charges publiques, soit par elle-même, soit par les capitaux qui la représentent.

Que l'on cesse de témoigner de l'embarras pour les découvrir, et des craintes de nuire au commerce et à la circulation des espèces en les imposant!

Ces craintes ne peuvent être de bonne foi et sont évidemment inspirées par les capitalistes mêmes: on doit s'en défier. Il est incontestable que les capitaux sont une *propriété*, que si toute propriété est passible de l'impôt, ils ne peuvent s'y soustraire; que s'il se pouvait que le commerce en éprouvât quelque désavantage, cet inconvénient ne serait jamais que momentané, comme il arrive dans tous les passages d'un ordre de choses à un meilleur; qu'au pis aller, quand il y aurait perte durable pour le commerce, la propriété foncière en retirerait profit au décuple, parce que, supportant moitié moins de contributions, sa valeur doit augmenter en proportion, et c'est tout ce qui importe à un état agricole.

Quant à la difficulté de connaître tous les capitaux existans en France, elle ne gît que dans l'imagination des hommes prévenus, ou dans des esprits superficiels, éloignés de la hauteur de ceux des hommes d'état. De grands ministres en conçurent en France le projet dans le xvii.e siècle. Des intrigues de cour le firent échouer ; ces intrigues ne sont plus à redouter.

L'empereur Alexandre a voulu connaître tous les capitaux et capitalistes de son vaste empire. Il y est parvenu sans obstacle, par le moyen des déclarations, sous une légère peine en cas d'infidélité. Pourquoi ce moyen, ou un autre équivalent, ne serait-il pas employé en France avec le même succès ? Nos lois actuelles nous en offrent plus d'un. Les commerçans russes n'ont été ni alarmés, ni grevés par la mesure ordonnée par leur monarque.

On insiste, et on prétend qu'en rendant les capitaux passibles de l'impôt, les capitalistes placeront leur argent en pays étranger, ce qui occasionnera une exportation prodigieuse du numéraire circulant dans l'état.

On répond, 1.° qu'ils ne trouveraient pas d'aussi grands bénéfices chez les autres nations qu'en France ; que par conséquent cette crainte n'est qu'une chimère ; 2.º que la loi peut prévenir cet abus ; que le capitaliste qui l'emploierait, serait indigne du nom français et mériterait d'être traité en ennemi de la patrie. Il ne s'agit que d'une loi pénale qui, ayant ramené les rebelles à la raison et à leur devoir de *Français*, deviendrait bientôt sans objet. On peut user et abuser de sa propriété, mais non point au préjudice de l'état. Le grand art de la politique intérieure et de la législation, est de rendre tous les membres d'une nation flexibles à l'intérêt public, aux règles de la justice distributive, dont l'égalité proportionnelle dans la répartition de l'impôt est une partie essentielle. Si cet art exige quelquefois des détours dans l'administration, des voies tortueuses, il commande souvent de directes et salutaires rigueurs. Ce n'est que par elles qu'on peut rétablir l'équilibre, sans lequel la société générale ne peut se maintenir.

Il faut donc poser pour vérité constante que c'est une injustice monstrueuse que de deux espèces de propriétés également susceptibles de supporter les charges publiques, celle à laquelle la révolution, dans nos mœurs déchues, attache le plus de prix (les capitaux), en soit exempte, et que tout le poids en soit reversé sur l'autre. A la dernière session, quelques membres de la Chambre des Députés ont eu le courage de soulever le voile, ce qui n'était point arrivé depuis le mois de décembre 1799 (frimaire an VII), lors de la loi du 22 de ce mois; mais la proposition n'a pas eu de suite : rien n'empêche que l'on s'en occupe dans la discussion du budget de 1819.

Deux motifs puissans paraissent y inviter les Chambres.

Le premier est puisé dans le vœu formel de la Charte constitutionnelle. L'article 2 porte : « Ils (les Français) contribuent in-» distinctement, dans la proportion de leur » *fortune*, aux charges de l'état. » (*)

Par quelle fatalité tant de débats, peu intéressans pour la masse du peuple, se sont-ils engagés sur l'exécution d'autres dis-

____

(*) Est-ce que cet article était plus indifférent que celui relatif à la liberté de la presse, que vingt-trois millions neuf cent quatre-vingt-dix-neuf mille cinq cents ames ne pensent point et n'ont jamais pensé à faire gémir? Le peuple se soucie fort peu que quatre ou cinq cents écrivains politiques, poètes, historiens, etc., parmi lesquels fort peu de bons, publient leurs pen-

positions de cet acte immortel, tandis que personne ne s'est réellement occupé de l'exécution de celle-là ? En est-il de plus grave ?

Le second motif est l'extrême urgence de faire droit aux justes réclamations des propriétaires fonciers contre les propriétaires de capitaux, de les dégrever d'une forte partie de la contribution assise sur les terres, pour la reverser sur les capitaux.

On ne peut rassembler dans sa pensée tous les maux qui dérivent de la surchage des terres et de la franchise absolue des capitaux, sans être pénétré d'indignation, ou au moins d'étonnement de ce que tous les systèmes de finances ont mis jusqu'ici ces *capitaux* hors de la *fortune* pour les dispenser de contributions.

La Charte veut, comme toutes les constitutions précédentes, que l'impôt soit réparti proportionnellement sur tout ce qui compose les *fortunes* des Français. Donc,

---

sées, ou les concentrent en eux-mêmes ; on sait que la liberté de les publier tient à la liberté individuelle; mais l'égalité proportionnelle dans la contribution aux charges de l'état n'est pas un attribut moins précieux.

pour exempter les capitaux de l'impôt et du concours *aux charges de l'état*, il faut soutenir qu'ils ne font point partie des *fortunes*, qu'ils ne sont pas une *fortune*, ce qui est une absurdité.

Pour pallier cette odieuse immunité, on nous dit que les capitaux sont atteints par les impôts indirects et par la contribution mobilière.

Cela serait vrai, si ces deux sortes d'impôts ne frappaient que sur le capitaliste, mais le propriétaire foncier les supporte comme lui, et plus que lui. En effet, en admettant que l'impôt indirect est payé par le consommateur, il est évident que ce consommateur appartient à toutes les classes de fortunes *foncière*, *mobilière* et *industrielle*, d'où il suit que, dans la supposition même où le capitaliste consommerait en proportion de sa fortune, ce qui est rare, le propriétaire foncier est, par la nature de sa fortune, forcé de consommer plus dans la même proportion; il a plus de gens sur les bras, des fermiers, des vignerons, des domestiques, etc. Le capitaliste, au contraire, ne consomme que ce qu'il veut, et le plus souvent le moins qu'il peut. Avec cent mille francs de revenu, qui ne lui coûtent rien à percevoir que sa signature sur des quittances dont le papier n'est pas même à sa charge, il consomme infiniment moins que le propriétaire foncier, dont les revenus ne s'élèvent qu'à cinquante mille francs. La consommation de l'un est forcée; celle de l'autre est absolument volontaire, et ne dépend que de son plus ou moins de goût pour le luxe, pour les plaisirs de la table ou autres. D'ailleurs l'homme à argent est celui qui en dépense le moins ; l'amour de l'argent, qui s'associe naturellement au mépris des propriétés foncières, suppose un goût décidé pour s'en dessaisir le moins possible. On doit conclure de ces vérités qu'à ne considérer l'impôt indirect que sous le rapport de la consommation, le propriétaire foncier y contribue du double de ce qu'y contribue le capitaliste ; et en ce qui touche la contribution directe mobilière, basée à Paris seulement sur les loyers, on ne peut nier que le propriétaire foncier n'en supporte encore plus que le capitaliste. Sur cent capitalistes à vingt mille francs de rente, il en est quatre-vingt-dix dont le loyer ne s'élève pas à deux mille francs. Comparez ceux de même nombre de propriétaires fonciers, ayant le même revenu de vingt mille francs, vous en trouverez quatre-vingts qui paient un loyer beaucoup plus fort.

Mais est-ce bien réellement le consommateur qui supporte l'impôt indirect? Grande question agitée en finances depuis plus de soixante ans, résolue par la négative depuis plus de cinquante, mais à la solution de laquelle les divers ministres des finances, depuis l'abbé *Terrai* jusqu'à *Necker*, depuis celui-ci jusqu'à M. le duc *Gaudin*, ont refusé de se rendre! Puisse le ministre actuel des finances s'en bien pénétrer!

L'auteur érudit, profond, peu recommandable, à la vérité, du côté des opinions religieuses, mais ami zélé et loyal de l'humanité, le célèbre *Boulanger*, des écrits épars duquel l'article *Charges publiques* du dictionnaire encyclopédique a été composé après sa mort, a admirablement démontré qu'il n'est pas un impôt indirect qui en dernière analyse ne reflue sur les terres. L'état actuel de nos contributions indirectes rend encore cette vérité plus sensible. Ce ne sont ni les rentiers, ni les commerçans proprement dits, ni l'artisan, ni le voyageur, qui les paient, quoiqu'ils aient l'air de les débourser : c'est sur le propriétaire foncier qu'en retombe tout le poids ; elles sont déjà payées par lui lorsque le consommateur en use.

Au temps où *Boulanger* écrivait, il n'existait que les douanes, les contrôles, les aides, les gabelles, et quelques sous pour livre mis sur les octrois des villes. Tout cela était infiniment modique, en comparaison de ce qui est à présent, si vrai que les baux des fermes générales ne s'élevaient pas au seul produit actuel du timbre et de l'enregistrement ; si vrai que tous les impôts indirects, cumulés aux impôts directs, tels que la taille, la capitation et les trois vingtièmes, lorsqu'ils étaient assis sur les terres, produisaient à peine cinq cent millions bruts, et quatre cent millions nets (*) ; aussi S. A. R. Monsieur ne se trompait pas, lorsque, rentrant en France en 1814, elle inséra dans sa proclamation que jamais, avant la révolution, les impôts en France ne s'étaient élevés à plus de *quatre cent millions*, même dans les temps des guerres les plus désastreuses et des plus grandes calamités. Aujourd'hui notre budget dépasse un *milliard*.

L'auteur dont je viens de parler, après

____

(*) Voyez les rapports de MM. Turgot et Necker.

avoir prouvé solidement que la dépense du luxe préjudicie à la consommation du nécessaire que le sol produit, conclut que, plus cette dépense est considérable, moins on consomme de ces productions, et que plus cette consommation diminue, plus les revenus des terres doivent diminuer : d'où il suit que toute espèce d'impôt retourne sur les terres.

Pour achever sa démonstration, il choisit un exemple dans les droits sur le cuir et sur toutes les marchandises de peausserie, de mégisserie, de pelleterie et de ganterie, qui proviennent de la dépouille des animaux. Cet exemple est le plus abstrait de tous ; et on imagine difficilement comment un impôt, mis sur la consommation de ces objets, est supporté par les terres et reflue sur elles.

« Personne ne pense, dit-il, qu'il puisse
» exister une relation entre le sol et une
» paire de gants ; cependant que comprend
» le prix que la paie le consommateur ?
» Celui de toutes les productions de la terre
» employées pour la nourriture et l'entre-
» tien de tous les ouvriers qui les ont tra-
» vaillées, dans toutes les formes où elles
» ont passé ; toutes les taxes que ces ou-

» vriers ont supportées personnellement, et
» encore celles qui ont été levées sur leurs
» subsistances (*); de plus, les droits perçus
« sur les peaux à chacune des modifications
» qu'elles ont reçues.

» En mettant, ajoute-t-il, un nouvel
» impôt sur la dernière, ce ne sera, dit-on,
» que le consommateur qui la supportera.
» Point du tout; il retournera sur le produit
» de la terre, directement ou indirecte-
» ment.

» *Directement*, en affectant les pâturages
» où sont élevés les bestiaux qui fournissent
» ces marchandises, et qui deviendront
» d'un moindre produit si l'impôt, en dimi-
» nuant la consommation des peaux dans
» leur dernier apprêt, diminue le nombre
» des nourritures qui fait la valeur de ces
» fonds.

» *Indirectement*, en affectant la main-
» d'œuvre, qui n'est autre chose que le prix
» des denrées employées par les fabricans. Et
» ces denrées, d'où viennent-elles?

(*) Telles que la patente, les droits sur les vins et
la bière qu'ils ont consommés, sur les manufactures
d'où sont sorties les étoffes qui composent leurs vêtemens, etc., etc.

» On en peut dire autant des dentelles et
» de toutes les marchandises qui exigent le
» plus de préparation, en qui la multitude
» des façons a fait, pour ainsi dire, dispa-
» raître les matières dont elles sont compo-
» sées, et ne rappellent rien de leur origine.

» Il est donc vrai, continue l'auteur, et
» ces exemples le prouvent invinciblement,
» que quelque détournée qu'en paraisse la
» perception, les droits remontent toujours
» à la source de toutes les matières de con-
» sommation, qui est *la terre*. Il l'est aussi
» que ceux sur la terre sont à la charge
» de tous les citoyens; mais la répartition
» et la perception s'en forment d'une ma-
» nière simple et naturelle, au lieu que
» celle des autres (impôts indirects) se font
» avec des incommodités, des dépenses,
» des embarras, etc., etc. »

J'ajoute : avec des mesures minutieuses
et de rigueur, qui semblent attenter à la
liberté civile, et qui, si elles ne sont pas
des vexations, en sont très-voisinés par les
dangers auxquels le moindre oubli, la
moindre distraction exposent le propriétaire
de l'objet passible du droit.

Les impôts indirects ne conviennent
qu'aux nations essentiellement commer-

çantes, et dont les productions de leur sol sont insuffisantes, au-dessous des besoins de leur population, telles que l'Angleterre, la Hollande, la Suisse, etc. ; mais en France, dont le sol est généralement très-fertile, et dont le commerce au dehors est très-borné, sur-tout dans les circonstances où la révolution l'a placée, l'accabler d'impôts indirects, c'est conduire plus sensiblement qu'on ne pense le peuple à la misère. On oublie que la richesse et le luxe sont le fléau des républiques, et la pauvreté du peuple celui des monarchies même représentatives et limitées. Lorsque Platon les admet, c'est dans les républiques. *Grotius*, *Hobbes*, *Puffendorf* croient qu'on peut, dans tous es gouvernemens, faire usage des impôts directs et indirects. *Jean-Jacques Rousseau*, dans son article *Économie politique*, penche pour l'impôt indirect ; mais il raisonne en républicain. *Montesquieu* les préfère dans la monarchie française ; il appuie cette préférence sur un paradoxe. « Cet impôt, dit-il,
» étant payé réellement par l'acheteur, quoi-
» que le marchand l'avance, est un prêt
» que le marchand a déjà fait à l'acheteur ;
» ainsi il faut regarder le négociant, et
» comme le débiteur de l'état, et comme le
» créancier de tous les particuliers. »

Rousseau ne diffère de Montesquieu qu'en ce qu'il prétend que l'impôt sur la consommation est payé par l'acheteur, et non par le marchand, et que celui-ci n'en fait nullement l'avance (*).

Ecoutons la réfutation de ces graves erreurs de tous ces hommes célèbres, par l'auteur que j'ai cité :

» Les impôts, dit-il, quels qu'ils soient,
» à quelque endroit, et sous quelque qua-
» lification qu'on les perçoive, ne peuvent
» porter que sur les richesses, et les richesses
» n'ont qu'une source dans les états dont
» le sol est fertile, c'est la *terre ;* dans ceux
» où il ne produit rien, c'est *le commerce.*

» L'impôt sur les marchandises est donc
» ce qui convient dans les derniers, car il
» n'y a rien autre chose sur quoi l'asseoir.

» L'impôt sur la terre est le plus naturel
» et le seul qui convienne aux autres; car,
» pour ceux-ci, c'est elle qui produit toutes
» les richesses.

» Me voilà déjà en contradiction avec
» Montesquieu : pas tant qu'on le croit.
» On établira des droits tant qu'on voudra,
» et sur tout ce qu'on voudra, ce sera tou-

____

[*] Article *Économie politique*, de l'Encyclopédie.

» jours à ces deux principes originaires de
» tous les produits qu'ils se rapporteront ;
» on n'aura fait que multiplier les recettes,
» les frais de *perception*, les difficultés, les
» entraves. »

Le seul point sur lequel je ne puis être
d'accord avec l'auteur, c'est celui où il
ne considère les rentiers que comme des
consommateurs, et où il fait abstraction de
leur qualité de *propriétaires*; d'où il tire la
fausse conséquence qu'en imposant les capitalistes, ils ne consommeront pas ce qu'ils
paieront pour l'impôt , et que moins ils
consommeront, moins les terres produiront.

Ce sophisme ne peut se soutenir ; il le
met un instant en contradiction avec lui-
même. Il n'est pas de bon esprit qui ne soit
sujet à quelques écarts. En imposant le rentier, le capitaliste comme propriétaire, et
directement, on ne fait que partager l'impôt
entre les deux espèces de propriétés con-
nues et rivales ; on ne fait que le diviser
entre l'or et l'argent d'un côté et les terres
de l'autre. On ne peut contester que l'or
et l'argent ne soient un signe représentatif de
toutes autres richesses, une addition à la
propriété foncière et mobilière, de manière
que, si le produit du sol est de quatre mil-

liards nets, et si le produit de l'or et de
l'argent pouvait être en intérêts de même
somme, il serait impossible de nier que la
fortune des Français est de huit milliards
de rente. L'or et l'argent, ou les capitaux
qui les représentent, sont donc devenus une
source de richesses additionnelle à celle des
terres. Ce n'est plus qu'une seule et même
source, une seule et même *fortune* sous le
rapport de l'impôt et de la contribution aux
charges de l'état ; et, s'il est constant que
toutes les fortunes doivent y contribuer proportionnellement, si d'autre côté il est prouvé que le capitaliste, ou rentier, n'y contribue pas comme propriétaire, et que ce
qu'il y fournit comme consommateur est
supporté en définitive par le propriétaire
foncier, par les terres en un mot, qui peut
se refuser à révoquer cette exemption odieuse, contraire au vœu de la Charte, à tous
les principes de l'ordre social, et à lui faire
partager le poids de la contribution sur les
terres ?

La contribution foncière fut représentative
dans le principe du cinquième du revenu net
des terres ; aujourd'hui, par l'élévation gra-
duelle des centimes additionnels de tant d'espèces, elle s'élève à plus du tiers de ce revenu.

Ce taux paraît énorme, excessif, insupportable : il ne l'est que parce que la terre le paie tout entier ; mais si on en rejette la moitié sur les capitaux, l'impôt foncier ne sera plus que juste. C'est pour cet acte de justice que vingt millions d'hommes soupirent depuis si long-temps ; ils n'en ont supporté le malheureux retard, que par ce sentiment de résignation qui s'est emparé de toutes les ames pendant toute la durée de l'occupation du territoire français. Maintenant que la France est rendue à elle-même, qu'elle est sortie avec honneur, et par la force de sa seule grandeur d'ame, de l'abîme où l'usurpation du trône l'avait précipitée ; maintenant qu'elle n'a plus à s'occuper que de son administration intérieure, de porter l'économie dans toutes ses branches, afin d'éteindre la dette publique, à quel désespoir le propriétaire foncier serait-il réduit, s'il restait condamné à l'acquitter seul, par l'effet de la réaction sur lui seul de tous les impôts assis sur la consommation !

Boulanger n'a pris, pour le démontrer, que les exemples les plus éloignés de rapport avec les productions de notre sol ; un coup d'œil rapide sur les contributions indirectes actuelles, va rendre cette démonstration encore plus sensible.

Personne ne peut nier que le propriétaire qui vend un muids de vin, ou une barrique d'huile, n'éprouve de la part de l'acheteur la réduction des droits qui sont à payer pour les enlever. Ce qu'il vendrait cent francs, il ne le vend plus que quatre-vingts ; c'est donc le vendeur qui les paie en vendant moins. Si c'est l'acheteur qui consomme, il consomme franc de l'impôt ; s'il revend, il ne se rembourse pas du droit sur le consommateur, parce qu'il ne l'a pas payé lui-même au vendeur, parce que c'est le vendeur qui en a fait l'avance par la diminution du prix, sans espoir de retour ni de recours : en sorte que c'est toujours le propriétaire dont les terres ont produit le vin ou l'huile, qui a payé le droit par retenue sur le prix ; et quand on supposerait que dans ces mutations il a été payé un droit par le consommateur, on ne peut contester qu'il en a été payé primitivement un autre par le vendeur. Les mutations intermédiaires, quelque nombreuses qu'on les imagine, n'aboutiraient toujours qu'à deux droits : l'un essentiellement payé par le vendeur primitif, l'autre par le consommateur, dernier acheteur ; parce que le second acheteur en a fait la retenue sur le prix au premier, le troisième au second, le quatrième au troisième, ainsi de suite.

Ce passage des matières, des substances passibles du droit, découvre le double emploi qui résulte toujours des taxes sur la consommation. C'est que le propriétaire, premier vendeur, supporte nécessairement un droit qui, ou ne profite point au gouvernement, ou s'il lui profite, double l'impôt sans qu'on s'en aperçoive. C'est un vice, un abus inhérent à ces sortes de taxes dont peut-être on ne s'est pas encore aperçu ; mais dans tous les cas si, comme il est évident, le droit même payé par le consommateur réagit en définitive sur les terres, on doit dire que le capitaliste qui ne paie point d'impôt direct pour ses capitaux, ne paie pas d'avantage d'impôts indirects, quoiqu'il consomme, et que le propriétaire foncier supporte seul toute espèce de contributions directes et indirectes.

En ce qui concerne le timbre, l'enregistrement et les droits de mutation, le capitaliste sait également s'y soustraire.

Il est constant que le papier de commerce n'est pas employé, ou du moins fort peu, par les maisons de banque et de commerce accréditées. Toutes leurs opérations se font sur des mandats gravés à leur chiffre; ainsi exemption du timbre.

En fait d'enregistrement, c'est le débiteur qui emprunte du capitaliste, soit par obligation notariée, soit sur simple promesse, qui en supporte le droit.

A l'égard des mutations par succession, il n'est peut-être jamais arrivé que l'héritier d'un capitaliste ait compris des capitaux dans sa déclaration, ni qu'un receveur d'enregistrement, se soit étudié à découvrir cette omission en compulsant les registres du conservateur des hypothèques, ou en recourant près des débiteurs à des renseignemens qu'il n'en obtiendrait pas ou du moins très-difficilement.

A la vérité le capitaliste qui consomme du sucre, du café, en paie le droit de douane : mais c'est tout, et le propriétaire foncier qui en fait usage paie ce droit comme lui. Le marchand qui le débite et qui l'a payé au maître du vaisseau qui l'a amené dans un port, en est indemnisé sur le prix de la revente dans l'intérieur.

Tous ces détails confirment ce fait incontestable, que le capitaliste ne supporte aucun impôt indirect sur tous les produits du sol français, et que ce sont *les terres,* les propriétaires fonciers, qui, en résultat, les paient à son acquit. On se trompe donc en pensant l'atteindre par cette espèce d'impôt.

L'abbé *Raynal* (*), d'accord avec *Boulanger*, s'exprime ainsi en parlant des impôts établis avant la révolution sur la consommation des denrées qui sortaient de nos colonies:

« Le gouvernement se l'est permis dans
» la persuasion que ce nouveau droit serait
» entièrement supporté par le consomma-
» teur, ou par le marchand. *Il n'y a point
» d'erreur plus dangereuse* en économie po-
» litique.

» L'action de consommer ne donne point
» d'argent pour payer les choses que l'on
» consomme. Le consommateur l'obtient de
» son travail; et tout travail, quand on en
» suit la chaîne, est payé *par le premier
» propriétaire*, du produit des terres. Dès-
» lors une denrée ne saurait renchérir cons-
» tamment, que les autres ne renchérissent à
» proportion. Dans cet arrangement, il n'y
» a de gain pour aucune: ôtez cet équilibre,

(*) *Histoire philosophique et politique du commerce des Européens dans les deux Indes*, livre 13, page 637, tome 2, édition in-4°.

» la consommation de la denrée renchérie
» diminuera nécessairement; et si elle dimi-
» nue, son prix tombera; sa cherté n'aura
» été que passagère.

» Le négociant ne sera pas plus en état
» que le consommateur de se charger du
» droit. Il pourra bien en faire les avances
» deux ou trois fois; mais s'il ne fait pas sur
» les marchandises taxées le bénéfice naturel
» et nécessaire, il en discontinuera bientôt
» le commerce. Espérer que la concurrence
» le forcera à prendre sur ses profits le paie-
» ment de l'impôt, c'est supposer qu'il faisait
» de très-gros bénéfices et que la concurrence
» qui n'était pas alors suffisante, deviendra
» plus vive, lorsque les profits seront dimi-
» nués. Si les choses étaient au contraire
» telles qu'elles devaient être, et que les
» bénéfices ne fussent que suffisans, c'est
» supposer que la concurrence subsistera
» quoique les profits qui la faisaient naître,
» ne subsistent plus. Il faut admettre toutes
» ces absurdités, ou convenir que c'est le
» cultivateur des îles qui paie l'impôt : qu'il
» soit perçu dans la première, dans la se-
» conde ou dans la centième main. »

Cette opinion d'un des plus célèbres auteurs
justifie ou plutôt fortifie celle de *Boulanger*.

Elle s'applique aux terres du continent, comme à celles des îles. Elle est une réfutation complète de celle de *Montesquieu*.

Concluons donc que les terres ont droit de réclamer contre le privilége des capitaux. On ne peut disconvenir que le fatal discrédit des terres n'en soit l'effet immédiat, à tel point que dans l'état actuel des choses, un propriétaire foncier avec 3o,ooo francs de rentes en fonds de terre, a infiniment moins d'aisance et de crédit qu'un capitaliste à 20,000 francs de revenu. Si un malheur survient au premier, il lui faut vendre pour 6o,ooo francs d'immeubles, pour en avoir 3o,ooo, et cela ne se fait pas sans éclat ; tandis que si même malheur arrive à l'autre, un simple transport de capitaux pour 3o,ooo fr. le met au niveau de ses affaires. Quelle en est la raison ? C'est que l'acheteur des terres ne règle son prix que soustraction faite de toutes les charges des terres, soit directes, soit indirectes ; et comme elles les supportent toutes, comme aussi les fermiers diminuent le rendage en proportion de ce qu'ils contribuent aux impôts indirects, cette grande différence d'entre le sort des deux espèces de propriétés n'a plus rien qui doive étonner.

Un propriétaire foncier de 1oo,ooo fr. de

rentes en doit moitié à un capitaliste. Il paie les contributions sur le pied de 100,000 fr. de revenu, et le capitaliste touche intégralement ses intérêts de 50,000 francs, sans rien payer et sans déduction de ce que le propriétaire foncier supporte à son acquit dans les contributions directes et indirectes refluant sur ses terres.

Puisque cette espèce de contribution ne l'atteint pas, ou du moins d'une manière si imparfaite, si insensible, et quant à la consommation des produits étrangers seulement, il n'y a qu'une contribution directe assise sur les capitaux qui puisse suppléer à cette imperfection.

Une fois reconnu que les capitaux sont une *propriété*, une *fortune*, le vœu de la Charte doit être accompli. L'article 2 en employant le mot *fortune*, n'en a pas fait un usage illusoire ou vide de sens, ou borné à une seule acception. La fortune est tout ce qui constitue la propriété et tous les moyens licites de l'acquérir. Elle comprend donc les immeubles, l'or et l'argent, les créances actives, les meubles et l'industrie.

La contribution foncière frappe les immeubles, la contribution mobilière les meubles;

la patente frappe l'industrie, les traitemens
mêmes des fonctionnaires et des employés
sont assujétis à des retenues graduelles.
Pourquoi une contribution directe ne frap-
perait-t-elle pas également, je ne dis pas *la
monnaie*, je sais que cela est impossible,
mais les créances actives qui sont ses signes
représentatifs et la preuve irréfragable qu'elle
est jusqu'à concurrence dans la fortune;
qu'enfin elle en est une partie quelconque ?
La difficulté n'est pas si grande qu'on se plaît
à le croire : tant de gens sont intéressés à
en faire un monstre, qu'à la fin le vulgaire
le croit. J'entreprends de déchirer le voile
par la proposition d'un plan de contribution
directe sur les capitaux. Je m'attends aux
clameurs du capitaliste négociant, aux dia-
tribes du capitaliste non-négociant, aux ré-
futations de quelques journalistes, critiques
toujours subtils, mais suspects, s'ils sont capitalistes eux-mêmes. Tout cela ne m'arrête ni
m'effraie. Ils critiqueront mon style. Je leur
répondrai que je n'ai pas eu le projet de faire
un morceau d'éloquence, qu'une matière de
finances n'y prête pas, qu'il ne faut pour
la traiter que le sentiment du juste et de
l'injuste et l'amour du bien public. Ils ne
pourront me refuser au moins le mérite d'atta-

quer le plus fort et le plus funeste des préjugés en finances, celui qui écrasant le sol d'un pays agricole, fertile, d'un prix fort supérieur à celui de son commerce, tendrait à réduire la France à la misère dans une courte période de temps; et l'on sait à quelle fin aboutit la misère du peuple dans une monarchie? Oui, les capitalistes sont semblables aux rats de la fable; ils s'engraissent de la substance du corps politique qui les renferme : *les terres* sont cette substance. Il faut donc prévenir l'exténuation de ce corps, sans quoi il périt.

On peut comparer en France les capitalistes, avec leur privilége en fait d'impôts, à ces trois cent mille Chinois qui faisaient métier d'offrir des sacrifices pour les autres, et qui en retiraient deux cent dix-neuf millions, sans contribuer en rien aux charges de l'état, ni par leurs travaux, ni par leurs contributions. L'empereur Tchuen-Io (*) déclara que nul autre que lui n'avait le droit d'offrir des sacrifices au souverain seigneur du ciel. Il coupa les vivres à ces

____

(*) Voyez l'*Histoire de la Chine*, par le père Duhalde.

trois cent mille vampires. Il jugea qu'il se rendrait complice de ces vexations en les tolérant.

L'article 2 de la Charte nous manifeste qu'il a été conçu et rédigé dans le même esprit de sagesse par le bon Roi Louis XVIII. En assujétissant toutes les *fortunes*, de quelque nature qu'elles soient, à l'impôt, S. M. a voulu, et le peuple français avec elle, que toutes les mesures fussent prises pour qu'aucune fortune ou partie de fortune n'en fût exempte.

Si donc, il n'y a pas d'autre moyen d'y faire concourir le capitaliste que par une contribution directe, y a-t-il à hésiter de l'asseoir, en dégrevant d'autant le propriétaire foncier ? Les charges de ce propriétaire sont telles, qu'il faudrait que le prix du blé fût constamment élevé à 36 fr. l'hectolitre, pour qu'il pût vivre, lui et sa famille, quelque médiocre qu'en fût le nombre, et payer ses contributions. Or, comme on ne peut admettre un tel taux, sans faire cruellement souffrir la classe des prolétaires, l'excès de l'impôt sur les terres ne peut durer plus long-temps sans les plus graves inconvéniens, et la morgue du capitaliste doit être abaissée par un moyen fort et direct : son affreux privilége doit être anéanti.

Comment y parvenir? C'est ce que, peut-être, j'ai trop fait attendre; mais pour satisfaire au vœu du lecteur, et remplir mon engagement, je divise les capitalistes en non-négocians et négocians.

CHAPITRE Ier.

Du Capitaliste non-Négociant.

SI l'intérêt des terres est froissé par le privilége des capitaux de ne contribuer en rien aux charges de l'état, ou presque rien, ce privilége ne compromet pas moins l'intérêt de la morale. L'homme qui dédaigne la possession des terres pour réduire sa fortune en capitaux, ou l'augmenter par leur secours, n'est pas seulement séduit par la douce perspective de se soustraire à l'impôt : un attrait plus puissant l'y entraîne, c'est celui de faire impunément l'usure : il en est qu'un reste de religion, la crainte des lois, ou le soin de leur réputation retiennent dans les bornes de la morale ; mais est-ce le plus grand nombre ?

L'insuffisance de la loi du 3 septembre 1807, qui ôta à l'argent son odieuse qualité de *marchandise*, pour régler l'intérêt conventionnel et légal, et redresser en ce point l'horreur de la législation révolutionnaire ; cette insuffisance jointe au silence étonnant du Code pénal sur l'usure, qui était défendue sous les peines les plus graves par la loi hébraïque, qui fut traitée en *crime* avant la révolution, qui est considérée comme *tel* par les Codes de tous les peuples civilisés, lui laisse le plus libre cours.

Plusieurs voix se sont élevées contre ce fléau pendant la dernière session. La chambre des députés a renvoyé les pétitions à M. le garde des sceaux. En attendant le fruit des méditations de son Excellence, le mal s'aggrave.

Il est au point que l'usure se commet sous toutes sortes de formes. Il n'est pas rare de la voir s'élever à trente et quarante pour cent; mais celui qui se contente de douze, quinze, vingt et vingt-quatre, passe pour modéré; et parmi ces sangsues, celui qui se borne au dix, est réputé dupe et sot.

Chez les uns, cela se fait par retenue des intérêts d'avance sur la somme prêtée; chez les autres, par cumulation d'intérêts au principal; ici, ce sont des effets de commerce avec intérêts excessifs, renouvelés tous les trois mois avec cumulation de ceux échus au principal; là, des obligations notariées, où les intérêts sont confondus avec le capital pour une durée excédant du double ou du triple la durée du terme de l'obligation, ou des obligations pures et simples avec des billets d'intérêts exorbitans, causés *valeur reçue* et à ordre.

Mais le mode d'usure le plus en usage, sur-tout dans les campagnes, est une vente à réméré, de six mois, un an au plus, de fonds en valeur de 2000 fr., pour 7 à 800 fr. d'argent prêté; et comme on a prévu et bien calculé l'impuissance où serait l'emprunteur de rendre la somme et les loyaux coûts, dans un si court délai, pour mieux l'endormir, on lui donne parole (qu'on ne tient pas) de lui rendre les fonds, même après l'expiration du délai du réméré, lorsqu'il rendra là somme. Le délai s'écoule, le prêteur garde les fonds, et les revend incessamment pour en replacer le prix par même moyen, de manière que 800 fr. agiotés ainsi en rapportent 1200, 1500 et jusqu'à 2000 dans l'année même.

L'usure prend aussi la forme de *l'anti-chrèse* : on y compense les fruits du fonds produisant 1000 fr., avec des intérêts de la somme prêtée, qui, au taux légal, ne pourraient s'élever qu'à 3 ou 400 fr. L'art. 2089 du Code civil autorise cette compensation. Et comme l'art. 2088 autorise aussi le créancier à faire exproprier l'immeuble au terme

convenu, par défaut de paiement, le débiteur, sous le poids de la crainte de cette
expropriation, renouvelle en esclave, avec
des conditions qui augmentent de dureté.

Tel est, au vrai, le tableau des replis de
l'usure.

C'est en associant la contribution directe
sur les capitaux à une loi rigoureuse sur l'u-
sure, qu'on forcera le capitaliste non-négociant à préférer aux capitaux la possession
des terres, et qu'on parviendra à rendre à
celles-ci tout le crédit dont elles ont besoin,
à calmer les justes alarmes du propriétaire
foncier, à relever l'agriculture de son abatte-
ment, à faire cesser sa détresse, à rendre
enfin aux productions du sol français la pré-
rogative politique qui leur est due.

Et que l'on ne mette pas en avant la crainte
d'un resserrement des espèces et d'une ra-
reté d'argent! Cette crainte est encore une
chimère. Celui qui le possède est le premier
intéressé à le faire profiter le plus possible.
En le laissant inactif dans ses coffres, sa
bouderie contre la loi serait de peu de durée,
parce qu'il se condamnerait lui-même à des
privations trop cuisantes. Il placerait donc
sur les terres au lieu de placer en obliga-
gations, et la concurrence des acheteurs

rendrait bientôt la vie à la substance réelle du corps politique.

Une loi, donc, qui soumettrait l'usure à l'infamie, qui en attacherait la preuve, d'après une des pensées du célèbre *Daguesseau*, sur la difficulté de la preuve des délits occultes, au témoignage de dix individus, quoique isolés, sur dix faits d'usure différens, serait le premier pas ; l'établissement de la caisse hypothécaire en serait un second.

Une autre loi qui taxerait les capitaux du non-négociant, dans la proportion de la contribution foncière, serait la consommation du bienfait ou de l'acte de justice si long-temps attendu. Supposons que les capitaux du non-négociant donnent un produit d'environ 200 millions d'intérêts ; si la contribution foncière, centimes additionnels compris, est du tiers du revenu net, chaque capital sera taxé au tiers de son intérêt. Ce tiers formera la valeur d'environ 66 millions, et la contribution foncière est dégrevée d'autant.

Comment connaître cette masse de capitaux existans dans l'état ? Par quel moyen les découvrir et s'assurer de ceux qui seront constitués dans la suite ?

Rien de plus facile.

1.º Un relevé délivré par les conservateurs des hypothèques de toutes les créances
inscrites et des inscriptions subsistantes
(celles prises d'office exceptées). Ce relevé
serait délivré chaque année avant le premier d'octobre.

2.º Obliger tout propriétaire de créances
par billets, cédules, obligations purement
chirographaires, constituées et à constituer
à l'avenir, à les faire enregistrer dans les dix
jours au bureau du domicile du débiteur,
moyennant le droit fixe de 5o centimes, à
quelque valeur que ces créances se montent,
sous réserve de la perception du droit proportionnel, lorsque les titres seront dans le
cas d'être produits en justice, le tout à peine
de perte de moitié de la créance au profit
de l'état, laquelle moitié sera recouvrée sur
le débiteur, à la forme prescrite pour les ac-
tions de la régie du timbre et de l'enregistrement, par le receveur du bureau dans
l'arrondissement duquel le débiteur est do-
micilié.

3.º Dans le cas de libération du débiteur,
soit avant, soit lors de l'échéance, la déclaration du créancier, dans le mois, au même
bureau, portant que la créance est éteinte
en tout ou en partie, déclaration qui sera

inscrite en marge de l'enregistrement du titre, et moyennant le même droit fixe de 5o centimes, sans préjudice au droit proportionnel, dans le cas où l'une des parties ferait usage de la déclaration de libération en justice, ou en demanderait expédition au receveur.

Quant à la peine du défaut de cette déclaration de la part du créancier, ce serait la continuation de sa taxe à raison du capital éteint, et en cas de demande en dégrevement fondée sur la libération, le paiement du dixième de sa côte au rôle des taxes sur les capitaux.

4.º Chaque année avant le 1.er octobre, et pour 1819 avant le 1.er mars, les conservateurs des hypothèques et les receveurs d'enregistrement transmettraient aux sous-préfets de leur arrondissement les relevés d'inscriptions et ceux de déclarations de créances non éteintes.

5.º Les sous-préfets formeraient par communes les tableaux des capitaux existans ; ils les adresseraient aux percepteurs du domicile du débiteur qui serait contraint à payer la taxe à l'acquit du créancier, sauf à s'en retenir le montant sur les intérêts de la créance, ou sur le capital, si elle ne porte pas d'intérêts.

Exemple : *Soit* 150 fr. d'intérêts. Si la taxe est de deux cinquièmes, le percepteur touchera 45 fr., plus sa taxation ou remise. Si elle est du tiers, ce sera 50 fr.

Quoi ! me dira-t-on, vous voulez donc que tous les secrets tenant à la quotité des fortunes, et auxquels les familles attachent un grand prix, soient dévoilés. Quelle anxiété dans les esprits ! Quel bouleversement dans le moral !

C'est-là l'objection bannale des capitalistes non-négocians. Elle n'est pas de bonne foi. On ne peut les soupçonner de prendre un grand intérêt au moral de leurs débiteurs ; mais je vais y répondre plus directement.

Est-ce que les registres de la conservation des hypothèques, qui sont en quelque sorte le bilan des propriétaires fonciers ; ces registres que tout individu a droit de consulter, ne montrent pas au public tout ce qui est à déduire de leur fortune en immeubles ? Par quelle raison les fortunes en capitaux devraient - elles être enveloppées d'un plus grand mystère, et le débiteur chirographaire plus alarmé sur la publicité de sa dette ? On ne la conçoit pas cette raison.

Ou il a la volonté et la possibilité de payer, ou il ne l'a pas : au premier cas, que lui importe? Au second cas, c'est servir les mœurs que de lui ôter les moyens de se former un crédit sans base, factice, chimérique, et de faire des dupes; c'est prévenir les déconfitures; c'est le forcer à mieux administrer ses affaires, à les rétablir par le travail et l'économie; et mes idées, sous ce rapport, présentent un avantage incalculable. Elles enchaînent la fraude, imposent des fers aux *aventuriers*, aux *chevaliers d'industrie*, et débarrassent les créanciers légitimes de soucis et d'incertitudes sur la solidité de leurs créances.

Que deviendra la loi du 3 septembre 1807 ?

Elle aura le sort de toutes lois imparfaites, composées de dispositions patentes avec un but secret.

On voulait que l'argent ne fût plus *marchandise*, et mettre un frein à l'usure à laquelle cette qualité imprimée révolutionnairement à l'argent, avait laissé le champ le plus libre et le plus pernicieux; mais, en même temps, par une crainte pusillanime d'une disparition trop subite du numéraire, on voulut laisser quelque faveur aux placemens en capitaux.

La première disposition de la loi fut donc le règlement du taux de l'intérêt ; mais on prescrivit que la retenue de l'impôt sur l'intérêt n'aurait lieu qu'autant qu'elle serait stipulée et convenue entre le créancier et le débiteur. On n'aperçut pas que dans ces sortes de convention, le débiteur est toujours à la merci, à la discrétion du créancier, et que celui-ci ne consentirait jamais la retenue. Aussi, je mets au défi qu'on me cite une seule obligation où elle ait été stipulée. N'était-il pas plus simple de maintenir la disposition inverse des lois précédentes? L'exemption des charges publiques dont ont joui jusqu'à présent les fortunes en capitaux étaient une amorce bien suffisante pour les capitalistes, et c'était déjà beaucoup trop, puisque le discrédit des terres devait aller toujours croissant, en proportion de l'élévation des impôts directs et indirects dont elles supportent la presque totalité de leur poids, ainsi que je l'ai établi.

La seconde disposition de la loi a abordé l'usure avec une telle timidité, que les exemples de sa punition sont infiniment rares. Les journaux les citent comme des miracles. Mais le genre de preuve, le nombre de témoins usurés, le nombre de faits nécessaires pour constituer le délit, tout cela est resté dans le vague et l'arbitraire, tandis qu'en matière pénale, la loi doit tout prévoir, tout préciser. Aussi le ministère public et les tribunaux ne savent-ils, pour ainsi dire, comment s'y prendre, l'un pour poursuivre, les autres pour punir un usurier, quelque signalé qu'il soit par la clameur publique.

La peine, d'ailleurs, qui ne consiste qu'en une amende, est fort au-dessous de la gravité, je ne dis pas du *délit*, mais du *crime*. Le *minimum* devrait être le carcan et la réclusion avec l'amende, peines inférieures à celles qui étaient adoptées par les lois anciennes, consacrées par l'ancienne jurisprudence, et appliquées par les anciens tribunaux.

CHAPITRE II.

Des Capitalistes Négocians.

S'il était de mon sujet de discuter sur le degré de faveur due au commerce en France, il me serait facile de prouver que le commerce extérieur qui n'a que les marchandises de luxe pour objet, n'en mérite aucune, ou du moins infiniment peu. S'il y a quelque droit, ce ne peut être que sous le rapport des substances employées dans la médecine que notre sol ne produit point, et sous le rapport de la liberté individuelle.

Je prouverais que les Colonies, qui nous restent, devraient suffire à notre consommation de sucre et de café; qu'en permettre l'importation au-delà, est une chose absolument impolitique. Il est plus que temps de déshabituer l'industrie, les fortunes médiocres et les cultivateurs de l'usage souvent immodéré de ces substances, et de les ramener à cette simplicité de mœurs, qui, sous les règnes mêmes de Louis xv et de Louis xvi, constituait le bonheur individuel, lequel n'a disparu qu'avec les débordemens révolutionnaires (*). La nature a refusé la production de ces substances à notre sol. Elle lui a, en retour, prodigué, avec le secours de la culture et de l'économie rurale, au-delà de nos besoins, en denrées de première nécessité. Nos manufactures sont bien suffisantes pour fournir à nos vêtemens. Il ne faut que les protéger et les encourager : c'est un des soins particuliers du gouvernement. Elles ne sont pas loin de rivaliser avec les manufactures anglaises.

Il nous faut, à la vérité, le riz et le coton que nous ne pouvons tirer que de l'étranger; mais ne pouvons-nous nous passer des tissus des Indes, de toutes ces superfluités luxueuses qui ne donnent pas aux hommes une ligne de plus, ni aux femmes le plus léger surcroît de grâces naturelles, ni aux deux sexes une étincelle de génie de plus?

Si ce commerce pouvait ne se faire que

____

(*) N'est-ce pas un scandale politique que cette étonnante multiplication des cafés ? On en compte vingt dans des petites villes où, avant la révolution, il y en avait un ou deux; et jusques à trois ou quatre dans des bourgs et des villages où on ne les connaissait que de nom. Quelles écoles pour les mœurs !

par des échanges du superflu de nos productions contre ces richesses étrangères, il serait doublement utile, parce que, d'une part, il ne nous coûterait pas la sortie d'un écu; et que de l'autre, l'évacuation de ce superflu, maintenant le prix des productions du sol, soutiendrait la valeur et le crédit des propriétés foncières; mais comme cela est impossible, je conclus que le commerce à l'extérieur nous est plus nuisible que profitable.

Toutefois on peut excepter celui des Echelles du Levant, qui est un débouché pour le superflu des draps des nos manufactures, principalement de ceux de Languedoc, de nos fers et de nos broderies, qui nous ramène la plupart des marchandises que notre sol ne produit pas et que nous allons chercher en Amérique, etc. En général, tout commerce, qui ne se fait point par échange à l'extérieur, loin d'être favorisé, doit politiquement être entravé le plus possible. C'est l'affaire du tarif des douanes.

Pour preuve, il suffit de se rappeler ce qui arriva du système de *Colbert*.

L'auteur que j'ai cité s'en exprime ainsi : « Son ministère fut brillant sans doute, et » digne des plus grands éloges; mais il faut

» en être bien ébloui, pour ne pas voir que
» ses règlemens sur le commerce, dont l'agri-
» culture ne fut point la base, sont des rè-
» glemens de destruction. Dans la vue peut-
» être de flatter une nation fastueuse ou sé-
» duite par un faux éclat, il préféra la gloire
» d'être pour tous les peuples un modèle de
» futilité, et de les surpasser dans tous les
» arts d'ostentation, à l'avantage plus so-
» lide et toujours sûr de pourvoir à leurs
» besoins naturels, qui ne dépendent ni des
» caprices de la mode, ni des fantaisies du
» goût, mais qui sont les mêmes dans tous
» les temps et pour tous les hommes.

» La France possède les denrées de néces-
» sité, et avec la plus heureuse situation
» pour les distribuer. Toutes les nations
» pouvaient être dans sa dépendance : il la
» mit dans celle de toutes. Il prodigua les
» richesses et les récompenses pour élever et
» pour maintenir des fabriques et des ma-
» nufactures fastueuses. Il n'avait pas les
» matières premières. Il en provoqua l'im-
» portation de toutes ses forces et prohiba
» l'exportation de celles du pays. C'était
» faire un traité tout à l'avantage des étran-
» gers ; c'était leur dire : je m'impose l'obli-
» gation de consommer vos denrées et de

» ne pouvoir jamais vous faire consommer
» les miennes. C'était anéantir ses *richesses*
» *naturelles*, la culture et la population de
» ses provinces, pour multiplier en même
» proportion toutes ces choses à leur profit.
» …Pendant tout le ministère de *Colbert*,
» le prix des grains ne cessa de diminuer,
» jusqu'à ce que ne suffisant plus pour rem-
» bourser les frais de culture, on finit par
» en éprouver la disette. »

Colbert fit tout ce qu'il put pour réparer le mal, mais ne fit pas ce qu'il devait. Il fit des diminutions sur les tailles, des créations d'offices, accorda des encouragemens à la population et à l'agriculture ; cela ne remédia à rien. Qu'auraient fait les propriétaires des denrées qu'ils auraient recueillies ? Elles étaient sans débouché, conséquemment sans valeur (*). Les engager à les cultiver, c'était les engager à devenir plus pauvres de toute la dépense de la culture.

La dépopulation et l'abandon de la culture des terres donnèrent, à la vérité, à Louis XIV beaucoup de facilité pour recruter

----

(*) En 1710, long-temps encore après sa mort, l'influence de son ministère était telle que le prix du blé ne s'élevait qu'à douze sous les quarante livres.

ses nombreuses armées; mais *les richesses naturelles* anéanties, les sujets se trouvèrent hors d'état de supporter les impôts nécessaires. On rendit le mal pire, en mettant sur les consommations des droits qui diminuent d'autant ces richesses, puisqu'ils retournent sur les terres qui les produisent. La misère fut au comble. Les terres devinrent un agent inactif. Elles étaient chargées de tout rembourser au consommateur quand il avait fait l'avance, ou de débourser pour lui lors des ventes. Le peuple fut désolé, le royaume à deux doigts de sa ruine. Le système de Law l'a relevé, quoiqu'on en dise, à force de victimes.

Sully, qui pendant le court espace de quinze années que dura son administration, fit le bonheur du peuple et luire des jours de prospérité, n'y parvint que par des principes tout-à-fait opposés à ceux de *Colbert*. « La terre, disait-il, produit » tous les trésors, le nécessaire et le su- » perflu; il ne s'agit que d'en multiplier les » productions, et pour cela, il ne faut » qu'en rendre le commerce sûr et libre. »

Il faut voir dans *Bolimgbrock*, les merveilles de bien public qu'opéra ce grand homme. C'est une prodigieuse avance pour bien gouverner qu'un grand amour du bien public, qui suppose le sacrifice de tous ses intérêts privés et de toutes ses affections personnelles. Ce sentiment dominait *Sully*, comme il domine sans doute l'esprit et le cœur de nos ministres actuels, quoiqu'en dise un certain parti qui, sous le voile emprunté de l'amour de la patrie, sera toujours mécontent.

De tout cela il résulte que le commerce extérieur, dès qu'il ne se fait pas *par échange des productions de notre sol*, n'est pas digne d'une grande protection ni d'aucun sacrifice du gouvernement : il ne lui doit qu'une liberté modifiée.

Le commerce intérieur ne consiste que dans le débit, au-dedans, du produit de nos fabriques et manufactures, et dans le transport du superflu des productions de la terre d'une localité dans une autre qui en manque, ou qui en présente un prix plus élevé.

Ce commerce doit être protégé quant à la circulation. Aucune circonstance ne peut autoriser à en gêner la liberté la plus entière. Ce principe est universellement reconnu. L'accaparement qui de soi-même confère à l'accapareur le privilége exclusif de faire

(52)

haüsser ou baisser le prix de la denrée à
volonté, est le seul inconvénient qui soit à
prévenir ; mais l'art. 419 du Code pénal paraît y avoir pourvu. (*)

Je n'ai fait cette digression sur les deux
espèces de commerce, que pour donner,
autant que possible, la mesure des ména-
gemens dus à l'une et à l'autre ; mais quelles
que soient les spéculations d'un citoyen,
le profit qu'il en retire est nécessairement
additionnel à sa *fortune :* il en devient une
partie intégrante ; il doit dès ce moment
contribuer aux charges de l'état, puisque
c'est le devoir rigoureux de toutes les *for-*
tunes. Le fonds de commerce du négociant,
si petit qu'il soit, augmente ou diminue
chaque année, ou bien il se tient au pair.

____

(*) Il est pourtant en France une contrée où il existe
un individu devenu puissamment riche en peu de temps,
qui est parvenu à s'y rendre le maître absolu du prix des
grains, à tel point que tous les négocians du pays ne
sont que ses facteurs et tributaires. La hausse et la
baisse sont exclusivement dans sa main : ce n'est pas par
des manœuvres frauduleuses (car il est fort honnête
homme), mais par l'effet d'une rare industrie, et par
le seul effet de l'ascendant de sa fortune. Ce cas n'a
pas été prévu par la loi, ni par *Linguet,* dans son *Traité*
du Blé et du Pain.

L'impôt dont ce fonds doit être frappé , est donc variable de sa nature.

On ne peut l'atteindre par le droit de patente. Qu'est-ce que 5oo francs de droit fixe pour un banquier dont le fonds de commerce est d'un ou plusieurs millions, et dont les bénéfices, année commune, l'augmentent du quart, du tiers, de moitié et souvent du double ? Par qui d'ailleurs ce droit de patente est-il supporté ? Par les individus qui font des opérations avec ce banquier ; certes, s'il débourse le prix de la patente, il lui rentre incessamment. Il en est de même de toutes les professions : le cordonnier, le tailleur, le maçon, etc., augmentent le prix de leur main-d'œuvre en proportion de celui de leur patente. C'est même une nouvelle source de profits pour eux, parce que le prétexte de cette taxe directe a donné lieu partout à un accroissement arbitraire du prix de toutes choses et de toute espèce de louage de services ; et c'est encore le propriétaire foncier qui, quelque directe que soit cette taxe, la supporte en définitive et par retour sur les terres.

Si tout fonds de commerce est passible de l'impôt, il ne s'agit plus que d'en reconnaître, d'en vérifier le montant chaque année pour pouvoir l'imposer. Cette vérification est on ne peut pas plus facile ; les lois commerciales en fournissent un moyen assuré.

Les articles 8, 9 et suivans du Code de commerce imposent à toute personne qui en fait profession, l'obligation de tenir des livres constatant toutes ses opérations, mais surtout « de faire tous les ans, sous-seing-» privé, un inventaire de ses effets mobiliers » et immobiliers, et de ses dettes actives et » passives, et de le copier année par année, » sur un registre spécial à ce destiné. »

Les articles 585, n.ᵒˢ 3 et 4, et 594 contiennent des dispositions contre les faillis, qui se sont écartés de l'exécution de l'art. 9.

Ces lois ne peuvent être illusoires. Comme tout se tient en administration générale et publique, pourquoi ne les ferait-on pas servir à constater chaque année les fonds de commerce de tous les capitalistes négocians ? Un fonds de commerce sera l'excédant de l'actif en capitaux sur le passif à chaque inventaire. Par exemple, l'inventaire présentera un actif en capitaux et effets

mobiliers de . . . . 600,000 fr.

Un passif de 200,000

Reste . . . . 400,000 fr.

qui, faisant réellement partie de la fortune de l'individu, équivalent à 400,000 francs en fonds de terres, et doivent contribuer aux charges de l'état comme les terres, sans quoi l'article 2 de la Charte est manifestement violé au préjudice du propriétaire foncier.

Il ne s'agit que d'obliger chaque année tout négociant, marchand, banquier, etc., à déposer, dans le cours du mois de décembre, à la sous-préfecture de l'arrondissement un simple état contenant la balance de son actif et de son passif en capitaux. Le sous-préfet formera un tableau contenant l'excédant de l'actif de chacun en capitaux, et voilà le rôle de taxes tout formé pour l'année suivante.

Si l'année suivante l'actif a décru, la taxe décroîtra en proportion. S'il a augmenté, la taxe augmentera d'autant.

Je présume bien que tous ces états ne seront pas également fidèles; les commerçans accrédités y baisseront leur actif; mais en supposant réticence d'un côté, exagération de l'autre, il y aura compensation : il en sera beaucoup plus qui, pour augmenter leur crédit ou pour en acquérir, hausseront leur actif ou diminueront leur passif, ce qui révient au même. L'infidélité servira le trésor public, et tournera à l'acquit des autres espèces de contributions.

Que l'on ne m'objecte plus la gêne pour les opérations de commerce, sans doute les négocians, les marchands peu solides en éprouveront; mais y aura-t-il si grand mal? Au contraire les banqueroutes seront moins fréquentes, la bonne foi plus respectée, les mœurs commerciales plus épurées.

S'il existe des hommes assez aveugles pour vouloir se former un faux crédit, en se soumettant à la taxe d'un actif en capitaux qu'ils n'ont pas, ou moindre que celui qu'ils possèdent réellement, pourquoi le gouvernement ne tirerait-il pas parti de cette folie, préjudiciable au commerce même, comme il se sert à Paris de la passion des joueurs; car les jeux de cette capitale lui rapportent plus de cinq millions? Par parité, si de l'excès simulé dans les actifs en capitaux d'une partie des négocians et marchands, il peut retirer le double, quelle raison pourrait l'en empêcher?

J'observe que dans mon plan aucune opération de commerce n'est dévoilée, puisque je n'exige qu'un simple état déclaratif d'actif et passif en capitaux, et sans détail chaque année, de la part du capitaliste négociant, une simple publicité du résultat en capitaux d'un inventaire annuel, auquel il est déjà rigouseusement soumis par la loi. Si, dans son commerce, il a fait des profits, il les doit à la protection du gouvernement ; il en doit de la reconnaissance à la grande société dont il est membre. S'il a fait des pertes en une année, il est dégrevé l'année suivante dans leur proportion.

L'idée de taxer ou imposer les capitaux n'est pas une nouveauté. Il y a long-temps que les hommes d'état les plus célèbres l'avaient conçue. Elle fut un instant réalisée, et ne fut repoussée bientôt après, que sur le motif le plus futile et le plus antilibéral.

Les Grecs et les Romains, chez qui toutes les créances, *nomina*, emportaient hypothèque avec spécialité, soit sur les meubles, soit sur les immeubles (*), dans le dernier état du droit, et qui les transformaient toutes en *antichrèse*, avaient beaucoup de facilité pour faire participer cette partie des fortunes aux charges publiques.

(*) *Loyseau*, Traité du Déguerpissement, titre III, chapitre 1.er.

Basnage, Traité des Hypothèques, chapitre 1.er.

En France, la chose a été toute différente. La variété des coutumes, et dans les pays de droit écrit la maxime que *les meubles n'ont pas de suite par hypothèque*, ayant prévalu, ont concouru à fabriquer le voile qui a couvert et couvre encore les capitaux.

L'immortel *Sully* était pénétré de l'avantage de les forcer à souffrir la même lumière que celle qui éclaire les propriétés foncières.

« Il voulait (*) qu'aucune personne, de » quelque qualité et condition qu'elle pût » être, n'eût pu emprunter, sans qu'il fût » déclaré quelles dettes peut avoir déjà » l'emprunteur, à quelles personnes, sur » quels biens. » Voilà la lumière répandue sur tous les capitaux.

Colbert voulut mettre en pratique les idées de *Sully*. Il établit le système de la publicité des hypothèques par l'édit du mois de mars 1673, qui fut incessamment révoqué par un autre du mois d'avril 1674, c'est-à-dire presqu'aussitôt qu'il parut.

Il faut entendre *Colbert* lui-même déplorer cette subite et étonnante révocation (**).

(*) Mémoires, liv. 26.
(**) *Testament politique*, chapitre 12.

» Il faudrait, disait-il, faire ce qui fut fait
» il y a douze ans, mais qui n'eut point
» d'exécution, par les brigues du parlement:
» il faudrait établir des greffes pour enre-
» gistrer tous les contrats et toutes les obli-
» gations . . . . Mais le parlement n'eut
» garde de souffrir un si bel établissement
» qui eût coupé la tête à l'hydre des procès
» dont il tire toute sa substance, etc. »

Il explique comment *les plus grands de
la cour*, intéressés à ce que l'immensité de
leurs dettes restât couverte du voile du mystère, cabalèrent avec le parlement de Paris
pour faire échouer l'édit de 1673.

Le chancelier *Daguesseau* (*) loua d'a-
bord cet édit en *homme d'état :* « Toutes les
» dispositions de cette loi, disait-il, furent
» méditées avec un soin qui se fait encore
» sentir à ceux qui la lisent, et qui fait voir
» que ceux qui travaillèrent à la rédiger,
» croyaient travailler *pour l'éternité* . . . »
Mais bientôt changeant de langage, il donna,
en *homme de cour,* les mêmes éloges à l'édit
de révocation, fondés sur des *inconvéniens*
auxquels il était impossible qu'il crût, et sur

(*) Tome XIII de ses œuvres, édition in-4.°, p. 620.

(60)

une *expérience* que l'on ne pouvait pas avoir acquise dans le seul espace d'une année de vie qu'avait eue l'édit de mars 1673. Aussi d'*Héricourt* (*), jurisconsulte contemporain, pour relever, autant qu'il le pouvait, le chancelier *Daguesseau*, de sa contradiction, écrivit-il, « que l'édit n'avait » point, à proprement parler, été révoqué » *pour toujours*, mais que son exécution » n'avait été que suspendue, jusqu'à ce » ce qu'il plût au Roi de le faire mettre en » vigueur. »

Le régime hypothécaire introduit dèslors par l'édit de 1771, confirmé par la loi du 9 messidor an III, par celle du 11 brumaire an VII, et perfectionné par le Code civil, n'a de rapport qu'à la législation; mais il est insuffisant sous celui de la répartition des charges publiques proportionnellement entre les deux espèces de propriétés principales, *les terres* et les capitaux; aussi l'idée financière et infiniment juste de *Colbert* était de soumettre à l'enregistrement toute espèce de *contrats et d'obligations*, et c'était indubitablement

____

(*) *Traité de la vente des Immeubles*, chap. 14.

dans la vue d'en faire concourir toutes les espèces de créanciers aux charges publiques, comme y concouraient les propriétaires fonciers.

Les clameurs des deux sortes de capitalistes négocians et non-négocians, pourraient-elles encore arrêter la justice pour laquelle soupirent depuis près de trois siècles la propriété foncière et l'agriculture?

De quoi peuvent-ils s'alarmer? Est-ce que le capitaliste négociant ne trouve pas dans le système de mise au jour de son actif, chaque année, la confirmation et l'accroissement de son crédit? Il n'est que le négociant peu solide et d'une moralité équivoque, qui puisse en concevoir du déplaisir et des alarmes. Les lois et le gouvernement doivent-ils des égards à celui-là?

Quant au capitaliste non-négociant, loin de concevoir des alarmes, ne sera-t-il pas flatté, s'il est honnête et juste, d'une loi qui développera au public sa *fortune* dans toute son étendue? Et comme il n'est que trop vrai que la considération et les moyens d'élévation sont malheureusement plus attachés à la fortune qu'au mérite personnel, dans l'état de nos mœurs, il y a cent pour cent à gagner dans ce système.

Si dans la publicité du résultat annuel des inventaires, quelques contradicteurs peuvent voir une entrave dans les opérations commerciales, ils doivent aussi convenir que cette publicité, maintenant ou augmentant le crédit de l'immense majorité des négocians, serait plus avantageuse que nuisible au commerce. Dans tout système de finances ou de politique, on ne doit s'arrêter qu'à l'intérêt du plus grand nombre; le froissement du plus petit nombre n'est point à considérer.

Le cadastre des terres que le propriétaire foncier contemple avec une tranquillité patriotique, blessera bien aussi quelques intérêts privés. Pour autant, en est-il moins utile et moins généralement desiré? De quel droit le commerce s'ombragerait-il du cadastre annuel de ses capitaux, opéré par la moins gênante des formes et par le plus doux des moyens, si ce n'est dans la vue de les soustraire à la contribution aux charges de l'état? Ce qui est injuste dès qu'ils sont une *fortune* : on ne saurait trop le répéter.

Mais ne peut-on pas encore substituer à la publicité du résultat des inventaires un autre moyen? *Toute mise de fonds* d'un négociant est présumée lui produire *dix pour cent* de bénéfice. Cette présomption, le plus souvent fort au-dessous de la réalité, est incontestable. Or, si le commerce qui ne fait que l'avance d'un droit de patente remboursé en dernière analyse par les terres, répugne encore à cette publicité, qu'il se taxe donc lui-même dans la répartition des charges publiques, comme autrefois le clergé se taxait pour l'impôt appelé *don gratuit*, ou, si l'on veut, comme plus récemment on taxait aux emprunts forcés ! Que chaque année, au mois d'octobre, les sous-préfets et les conseils d'arrondissement, présumés plus éclairés sur les facultés et l'étendue des affaires des négocians de leurs arrondissemens, les convoquent tous et leur proposent de contribuer l'année suivante aux charges publiques pour telle ou telle somme, selon les instructions qu'ils auront reçues des préfets, et ceux-ci des ministres, et que les négocians en fassent eux-mêmes la répartition entre eux de bonne foi et avec équité ! Quoi de plus régulier, de moins arbitraire et de plus solide qu'une telle répartition contradictoire entre toutes parties intéressées !

Il est entendu que la somme proposée à répartir sur le commerce aura été préala-

blement déterminée par la puissance législa-
tive pour chaque département, et que
la division entre les arrondissemens en serait
faite par les conseils généraux, comme cela
se pratique pour les autres contributions.

Je m'attends à un sophisme à l'aide duquel on tentera de me mettre en contradiction avec moi-même.

Cette contribution directe sur le commerce, me dira-t-on, ne sera jamais qu'une *taxe* sur les objets de commerce ; et comme toute taxe sur les consommations, qui sont ses objets, reflue, dans votre opinion, sur les terres, celle-là restera à la charge des terres comme les autres. Les objets de commerce augmenteront de prix en proportion.

D'abord, je nie cette augmentation. La concurrence s'y oppose, et l'action de cette concurrence est impossible à paralyser. Cela est si vrai, que depuis le droit de patente sur le commerce, la plupart de ses objets et de ceux des manufactures n'a pas haussé de prix. La concurrence a même causé une baisse considérable sur les plus usuels.

En second lieu, il ne faut pas confondre la taxe directe sur le produit de la mise de fonds du commerce avec un impôt indirect sur ses objets. La distance et la disparité sont sensibles. Faire contribuer le *bénéfice*, c'est atteindre l'or et l'argent qui le constituent. Taxer *l'objet* du commerce, c'est au contraire imposer l'objet qui produit ce bénéfice; et comme cet objet est le produit des terres, c'est taxer les terres. Taxer le bénéfice, c'est véritablement forcer l'or et l'argent du commerce à entrer dans les contributions aux charges de l'état; et rien n'est plus juste, puisqu'il est aujourd'hui *la fortune* du plus grand prix. Et pourquoi ce bénéfice, qui partage la protection des lois, et qui fait partie des biens de la société générale, ne paierait-il pas le prix de cette protection comme les autres biens?

On m'objectera que le capitaliste négociant s'en dédommagera par les *agiots*, comme le capitaliste non-négociant sur *les débiteurs*.

Je réponds que ce danger n'est point à craindre si une bonne loi coercitive sur l'usure est associée au système. Que l'on se torture tant que l'on voudra l'imagination pour composer *des théories de crédit public!* Ce crédit n'émanera jamais en France que de trois causes : l'une, le *crédit des terres;* l'autre, la répartition proportionnelle des charges de l'état entre les deux espèces de propriété ou de *fortune* ; la troisième, la fidélité aux engagemens contractés par le gouvernement. Si donc les capitaux de tout genre peuvent et doivent y contribuer pour cent vingt ou cent trente millions (ceci n'est qu'hypothétique), la contribution foncière peut et doit être réduite d'autant, sans que les recettes actuelles des finances soient affaiblies d'un centime. Et si les terres contribuent pour un tiers de leur produit net, ce serait une insigne faveur accordée au commerce, de ne l'obliger à contribuer que pour un quart du bénéfice présumé de sa mise de fonds. Cela n'influera en rien sur la hausse ou la baisse des effets publics. Au contraire, ils en ressentiront un avantage proportionné à celui qui en résultera pour les propriétés foncières, base de tous les crédits. Et quelle pourrait, après tout, être la raison d'une telle faveur, qui respirerait encore un privilége proscrit par le vœu de *la Charte ?*

D'ailleurs, il est infiniment peu de négocians qui ne soient propriétaires fonciers ; et dans le système proposé, ce qu'ils paieraient à la contribution du commerce, ils le gagneraient par la réduction de leur contribution foncière. Il est donc impossible qu'un négo-

ciant s'élève de bonne foi contre un tel partage proportionnel de l'impôt entre les
terres et le *bénéfice* de son commerce calculé sur sa *mise de fonds*. C'est au moins
une propriété industrielle ; et, tandis que le
plus pauvre journalier paie la valeur de
cinq journées de son *travail*, ce serait une
bizarre injustice que le commerçant ne payât
rien pour son *industrie*, si ce n'est un droit
de patente dont il ne fait que l'avance, et
qui lui est remboursé par les terres sur lesquelles retombe tout le poids des impôts de
cette nature.

Quel sera le produit de cette taxe représentative d'une contribution foncière ? C'est
ce qu'il est impossible de déterminer : il faudrait, pour le faire avec quelque précision,
l'épreuve d'une année ; mais il paraît qu'en
fixant approximativement les capitaux des
négocians à même somme que ceux des
capitalistes non-négocians, on obtiendrait
le même résultat, 66 millions ou environ.

CHAPITRE III.

Moyen de réduire la Contribution foncière par des économies dans plusieurs branches d'administration.

Un grand administrateur (*) disait, en 1781, au trop infortuné roi Louis XVI, que jamais une économie politique, ne devait tourner en *augmentation de revenus,* mais en diminution de *charges.* Il avait raison. Le peuple ne sent réellement le fruit d'une économie que quand il arrive à moins payer; mais il s'inquiète et murmure s'il voit qu'en retranchant des dépenses, les recettes ou restent les mêmes, ou s'élèvent.

Le gouvernement a déjà fait plusieurs suppressions dans les départemens de la guerre, de la marine, de l'intérieur, peu dans les finances, et une seule dans le département de la justice. Le budget qui excède un *milliard* n'a pas, à raison de ces

____

(*) *Rapport* de M. Necker.

suppressions, diminué d'un centime la contribution foncière, dont la réduction doit être mise en première ligne pour le soulagement de l'agriculture, et d'autres impôts ont subi quelques augmentations. Le peuple aurait peut-être été plus flatté de voir doubler ceux-ci et diminuer de moitié l'impôt foncier. Cela aurait plus frappé ses sens et son esprit, et aurait été fort indifférent aux terres qui, quelque dénomination qu'on leur donne, finissent par les tous supporter.

Personne ne se dissimule que dans la position terrible d'où sort la France, il a fallu de grands efforts, et qu'elle exige encore des sacrifices plus ou moins prolongés ; mais la confiance du peuple dans la sagesse de son Roi est à soutenir par les combinaisons dont il est plus à portée d'apprécier le fruit et de sentir le résultat.

En supprimant donc des dépenses pour cinquante millions, et en diminuant la contribution foncière de cinquante millions, le gouvernement reçoit plus de bénédictions que s'il diminuait d'autres impôts de quatre-vingt millions, ou que s'il destinait les cinquante millions à des objets de la plus grande utilité. Moins les terres paieront de contribution directe, plus elles seront en état de supporter les impôts indirects qui finissent par être à leur charge.

Parcourons donc les branches de l'administration publique, et voyons s'il n'est pas encore des économies importantes, praticables sans nuire au service, et qui puissent tourner en diminution de la contribution foncière.

§ Ier.

De l'Administration de la Justice.

Les lumières de la raison, jointes à l'expérience, s'accordent sur ce principe d'administration publique, que plus les tribunaux sont multipliés, plus ils sont rapprochés des justiciables ; plus les procès sont nombreux, et plus l'état en souffre.

Toute justice émane du souverain ; mais s'il la doit à tous, il doit en même-temps comprimer les passions dont les procès sont un aliment vénéneux ; d'où il suit que l'établissement des tribunaux doit être proportionné, non à la population, mais à la somme des matières qui peuvent produire des contestations entre les citoyens ; que dépasser cette limite est un vice en administration, une plaie à la morale publique, une dépense inutile.

Qu'avant la révolution, dans le temps où nous vivions partie sous l'empire de quarante mille lois romaines, et partie sous celui de soixante-dix coutumes, qui toutes présentaient une source intarissable de procès par leurs contradictions, par leurs incohérences, par leurs imperfections et leur obscurité, il y ait eu des tribunaux à l'infini et autant que de communes, cela n'est pas étonnant, d'autant plus que la création d'offices et de tribunaux avait été depuis longtemps une ressource de finances.

Qu'en l'an VIII, Buonaparte ait substitué un tribunal par *arrondissement* à un seul tribunal par *département,* institué par la constitution de l'an IV, cela se conçoit encore. Il lui fallait complaire à la classe moyenne et nombreuse qui vit autour des procès. Il avait besoin de plaire à tous, et par conséquent de multiplier à l'infini les moyens de subsistance ou de fortune pour tous. Quadrupler les tribunaux en était un assuré pour le grand nombre d'hommes dont il avait à ménager l'assentiment à son élévation. Que lui importait de couvrir la France de toute espèce d'institutions coûteuses et même ruineuses, pourvu qu'il parvînt à son but ? Pour peu que le desir s'en fût manifesté, il aurait volontiers établi une cour et une préfecture par arrondissement, un tribunal d'instance et une sous-préfecture par canton, une justice de paix par commune rurale, un régiment par ville ou bourg. Ainsi, son exemple n'est nullement à imiter. Ainsi, quand un membre de la chambre des députés a fait reproche au ministère de maintenir la plupart des institutions inutiles de Buonaparte, il n'a rien dit de trop.

On doit convenir que dans l'état actuel de nos lois, la moitié de nos tribunaux peuvent être assimilés aux *sinécures* d'Angleterre, contre lesquelles la voix du peuple s'est élevée avec la plus grande force depuis quelque temps.

En effet, combien de matières à procès notre nouveau système politique et nos Codes n'ont-ils pas anéantis :

Les coutumes,

Les substitutions ou fidéicommis,

Les matières féodales,

Les matières de retrait lignager,

Les matières bénéficiales.

Combien ces Codes n'en ont-ils pas éclairci ou aplani :

Les donations et testamens,

Les tutelles, les successions, les ma-
riages,

Les obligations conventionnelles,

Les prescriptions,

Le régime hypothécaire,

Les servitudes, etc.

Du côté des formes et des matières commerciales, tout le vague et les imperfections
de l'ordonnance de 1667 et de celle de 1673
ont été levés par les Codes de procédure
civile et de commerce.

Si donc il existe encore des procès, ils ne
proviennent que de cette multitude de commentaires de nos Codes, qui chaque jour
viennent en dénaturer l'esprit, obscurcir
par des subtilités les articles les plus clairs,
les moins susceptibles de doute, répandre
sur toutes nos lois le poison du scepticisme,
et inonder la France, sans rien faire pour la
réputation de leurs auteurs, si ce n'est de
lui nuire souvent.

Un grand service à rendre à nos lois, au
barreau et au peuple, serait de faire de tous
ces commentaires ce que *Scipion* fit des
livres de la bibliothèque de Carthage, lorsqu'il s'en rendit maître. Ils furent brûlés
tous, à la seule exception du traité de *Magon*
sur l'*Agriculture*, en vingt-huit volumes,

de la traduction duquel Décius Syllanüs fut chargé. De l'incendie de ces commentaires, il n'y aurait à excepter que le recueil des arrêts de la *cour de cassation*, de cette cour suprême et régulatrice, à qui seule appartient le droit de fixer les incertitudes de nos lois, s'il s'en présente, et de former *jurisprudence*.

Je pose donc en fait, et cela est de notoriété, qu'au moyen de nos Codes et du retranchement des matières de procès les plus abondantes, les tribunaux d'instance n'ont pas de quoi occuper deux audiences par semaine, et très-rarement d'objets sérieux, de quelque valeur, de quelque importance.

Ce qui paraît les occuper le plus, c'est la police correctionnelle, et vraiment les juges d'instruction ont assez de besogne ; mais rien de plus simple que d'attribuer en partie ces matières aux juges de paix, assistés, si l'on veut, de leurs suppléans qui seraient nommés *assesseurs*. C'est une sorte de vexation, c'est un abus désolant pour les campagnes, que celui de contraindre un malheureux à venir de quatre, cinq et six lieues se défendre à la barre d'un tribunal, sur un procès-verbal de garde, souvent injuste, duquel, même en cas de condamnation, il ne peut résulter qu'une amende de 2 fr., 3 fr., 6 fr. ou 12 fr. au plus : ensorte que 2 fr. d'amende emportent les frais de voyage, souvent ceux d'un défenseur inutile, mais payé, la perte du temps, les frais de citation, ceux de jugement, ceux de greffe, etc.; 2 *francs* d'amende sont suivis de 25, 30, 36 fr. de frais........ Et c'est au centre des idées *libérales* que subsiste une bizarrerie si pesante !

Les juges de paix peuvent fort bien prononcer sur tous les délits ruraux et forestiers, et sur tous ceux dont le *maximum* de la peine prévue par le Code pénal ne s'élève pas à plus de deux ans d'emprisonnement et à 200 fr. d'amende, sauf l'appel au tribunal auquel ils ressortissent, et non à celui du chef-lieu du département. En ce qui concerne les autres délits correctionnels, qu'on en laisse la connaissance aux tribunaux d'instance, parce que ces délits sont plus voisins du crime, cela paraît convenable; et ces tribunaux ne seront pas encore fort occupés.

De tout cela, il y a lieu de conclure que deux de ces tribunaux pour un département, quelqu'étendue qu'on lui suppose, peuvent largement suffire à l'administration de la justice ; qu'en maintenir un plus grand nombre, c'est surcharger l'état inutilement, et multiplier les dépenses sans nécessité et contre l'intérêt des mœurs publiques.

A l'égard du nombre des cours royales, à qui persuadera-t-on que quatorze cours seraient insuffisantes, ce qui est à-peu-près une cour pour cinq départemens, et par dix tribunaux inférieurs qui jugent en dernier ressort jusqu'à 1000 francs, tandis qu'anciennement, avec tous les élémens de procès, aujourd'hui anéantis, treize cours souveraines qui jugeaient en appel de toutes matières réelles et en matières personnelles de toutes valeurs au-dessus de 250 fr., faisaient le service et avaient encore beaucoup de temps de reste et des vacances plus multipliées ?

A la session dernière, lors de la discussion sur le budget du ministère de la justice, on proposa une réduction du nombre des tribunaux. Quelle fut l'excuse de M. le garde des sceaux ?

« Le cœur me saigne, dit ce premier ma-
» gistrat, lorsque cette réduction me laisse
» entrevoir deux cents villes dépouillées de
» leurs tribunaux........ » Et il finit par demander une augmentation de 300,000 fr.

à son budget de 25 millions ! Il l'obtint.......

Assurément, cette réponse dépose de la sensibilité du cœur de son excellence ; mais les tendres mouvemens de son ame n'auraient-ils pu être comprimés par les qualités d'un homme d'état, aux yeux duquel la privation de deux cents villes ne doit rien être, lorsqu'il s'agit de l'allégement des charges de vingt-trois millions d'ames sur vingt-quatre. M. le garde des sceaux actuel ne se refusera pas à reconnaître que la sensibilité est infiniment mieux placée, quand elle s'étend à satisfaire aux intérêts du plus grand nombre. Qui est-ce qui ignore, d'ailleurs, que ces sortes d'innovations ne laissent aux victimes que des regrets éphémères, bientôt dissipés par le retour des esprits à d'autres spéculations ?.

On demande que deviendront les avoués, les avocats des tribunaux supprimés ? il n'y a pas grands soucis à prendre des avocats : les bons sont à l'abri des coups du sort ; le destin des mauvais ne peut intéresser.

On n'en peuplera pas les tribunaux ni les justices de paix.

Pour ce qui est des avoués, ils reflueront près des tribunaux conservés. Ils y exerceront concurremment avec ceux qui y sont actuellement attachés, jusqu'à ce que, par mort ou démission, le nombre en soit réduit à ce que le service exige. Ceux à qui le déplacement ne conviendra pas, seront remboursés par les restans, qui profiteront de la diminution du nombre des tribunaux et des avoués.

Dans ce plan, le budget du ministère de la justice peut être considérablement réduit, et toujours à la décharge des centimes non variables de la contribution foncière : on peut évaluer cette économie à quatre millions au moins.

Le produit des droits de greffes, cet impôt indirect, qui ne pèse en apparence que sur le plaideur, n'en pourra souffrir, parce que ce qu'il perdra par la suppression d'un tribunal, il le recouvrera par le seul effet du retour des affaires aux tribunaux conservés.

J'ai, au surplus, un mot à dire en passant, sur ces droits de greffes. Leur taux est énorme. Il ferme le temple de la justice aux hommes peu fortunés. Il met les petits patrimoines à la discrétion des riches. Il enhardit la cupidité de ceux-ci, et tient ceux-là dans le plus déplorable esclavage. Il semble que le Code de procédure civile ait été conçu et

rédigé par des financiers et non par des jurisconsultes. Si l'on suivait à la lettre toutes
les formes qui y sont prescrites, dans les inventaires, tutelles, liquidations de commu-
nauté, partages où des mineurs sont intéressés ; si déjà l'art n'avait trouvé moyen
d'en éluder sans nuire à cet intérêt, une
succession de 2000 francs échue à un mineur
serait *zéro* pour lui : tout serait emporté par
la justice, le fisc et les avoués. O justice
gratuite, combien tu nous coûtes !

Si les auteurs ou rédacteurs avaient eu de
bonne foi la pensée et le but de diminuer le
nombre des procès, la première obligation
qu'ils auraient imposée aux plaideurs, aurait été de leur défendre d'intenter ou soutenir aucun procès que sur l'avis bien motivé
de deux avocats inscrits au tableau, comme
il en est pour les homologations de transactions de tuteurs et de communes, pour les
requêtes civiles et pour les pourvois en cassation.

Dans cette hypothèse, un tribunal par département serait peut-être encore trop. Une
dernière observation ne peut échapper : c'est
que le Code de procédure civile, en enchéris-
sant sur les formes établies par l'ordonnance

de 1667, a semblé craindre qu'il n'y eût pas assez de procès.

Sur vingt arrêts de la cour de cassation, on en voit quinze qui jugent des points de forme. L'esprit de ce Code a éloigné le législateur du véritable but. Au lieu d'une soustraction de formes, il en a fait une multiplication infiniment onéreuse.

§ I I.

De l'Administration de l'Intérieur.

Le temps où un intendant administrait une grande province, divisée aujourd'hui en trois ou quatre départemens, pour 24,000 f. de traitement et autant de frais de bureaux, n'est pas fort éloigné de nous. Telles étaient les provinces de Bretagne, de Bourgogne, d'Alsace, de Franche-Comté, de Languedoc, du Dauphiné, etc.

Aujourd'hui, cette dépense est pour le moins quintuplée sans avantage pour l'état. La division du territoire en départemens, ce morcellement que l'Assemblée constituante sembla ne faire que comme une création de bénéfices, et uniquement pour ménager des places lucratives à des suppôts de la révolution, n'eut d'autre effet politique que d'effacer de l'histoire et du souvenir des hommes, s'il était possible, la nomenclature des diverses parties des Gaules dont le royaume s'est composé dans une série de quatorze siècles, et de les ranger toutes sous une administration et sous une législation uniformes.

Que cet effet soit maintenu, rien de mieux; mais que la dépense à laquelle cette organisation entraîne, ne puisse pas être diminuée par la réunion de plusieurs départemens sous une même préfecture, le peuple ne peut en pénétrer les motifs. Il en voit au contraire de très-puissans militerpo ur cette réunion.

Je sais qu'autant il est bon que le justiciable soit éloigné des tribunaux (parce que plus il en est séparé, moins il contracte le goût et l'habitude pernicieuse des procès, véritable poison de la société), autant il est convenable que l'administré soit rapproché de l'administrateur. Mais quel est celui avec qui il a et doit avoir des relations directes et plus fréquentes ? C'est le *sous-préfet* et non pas le *préfet*. Aucune affaire n'est soumise au préfet, qu'elle n'ait été instruite et discutée par le sous-préfet. A quelque distance donc que soit une préfecture, peu importe à l'administré. Les occasions réelles du besoin d'un administré de recourir au préfet, sont infiniment rares.

Il suit de là qu'autant il doit être rapproché du sous-préfet (fonctionnaire le moins bien rétribué, en proportion de ses travaux), autant il peut, sans inconvénient, être éloigné de l'administrateur supérieur. Ainsi, l'établissement des sous-préfectures, tel qu'il est, doit rester; mais quatre-vingts et tant de préfectures sont une surabondance très-coûteuse et sans utilité.

Au contraire, je maintiens qu'elle est nuisible, et que cette trop grande multiplicité de rouages dans l'administration ralentit son action, sinon dans les ressorts morcelés des préfectures, du moins au ministère. Quand on considère que chaque ministre doit correspondre avec une si grande quantité de préfets; que quand il leur fait des demandes générales, il lui faut attendre souvent très-long-temps pour obtenir la totalité des renseignemens qui lui font besoin, et même réitérer ses demandes, on ne doit point être étonné que les bureaux des ministres soient si peuplés d'employés et de commis, ce qui est une surcharge de plus dans les dépenses publiques.

J'avoue cependant qu'il est plusieurs

genres d'affaires dont le gouvernement pourrait abandonner l'attribution aux préfets ; et qui ne laissent pas que d'occasionner des écritures et d'occuper les bureaux des ministres...... Par exemple : est-il bien nécessaire que des transactions faites par des communes, toujours précédées ou accompagnées d'avis de jurisconsultes, passent sous leurs yeux et ne soient homologuées que par le Roi ? Est-il bien nécesssaire que des plans et devis de constructions d'églises, de presbytères, de cimetières, de prisons, etc., soient soumis au ministre pour être contrôlés par des architectes de Paris, qui ne connaissant ni les localités, ni les prix de main-d'œuvre et de matériaux du lieu, modifient à l'aveugle et de travers les mesures préparatoires sagement ordonnées et prises par les soins des préfets ?..... Ne peut-on pas s'en rapporter à ces administrateurs supérieurs, pour tous ces détails où leurs erreurs mêmes ne seraient pas d'une grande conséquence ? On a critiqué, non sans raison, la centralisation des centimes additionnels à Paris ; mais la centralisation des affaires administratives de l'espèce de celles que je viens de citer, et de beaucoup d'autres semblables, est un mal équivalent, s'il en ré-

sulte un ralentissement d'action et une dépense superflue.

Je maintiens donc qu'une préfecture pour
Paris et une préfecture par division militaire, suffiraient à tout le service adminis-
tratif; mais pour ne point effaroucher l'ambition, ni trop affecter les sages en place,
je suppose qu'on se borne à une préfecture
pour trois départemens, moyens ou petits (*), et une pour deux grands départemens, il n'en résultera de dépense que le
traitement de trente-trois ou trente-quatre
préfets à 20,000 fr. chacun, pour ceux des
villes de moins de cent mille ames; à 30,000 f.
pour ceux des villes d'une plus grande population, et à 60,000 fr. pour celui de Paris.
Les frais de bureaux seraient à forfait, à la
charge du préfet, moyennant une somme
égale à son traitement. Additionnez, et vous
trouverez qu'il y a plus de *deux millions*
d'économie dans un tel arrangement, universellement desiré par le peuple. Il faut aussi
mettre en ligne l'économie des loyers et frais

(*) J'entends par *petits départemens*, ceux qui ne
fournissent qu'un député à la Chambre, et par *départemens moyens*, ceux qui en fournissent deux. Ceux
qui en fournissent plus sont de grands départemens.

d'entretien des hôtels de préfecture sup-primés.

Quels sont les hommes préposés pour soutenir et balancer les intérêts du peuple, qui pourraient être émus des sanglots de quelques cités du bas étage qui n'auraient plus de préfecture, et qui seraient obligées de déposer les frivoles honneurs de *chef-lieu*? Quels sont les ambitieux pour qui la multiplication des emplois et des dignités est une source de délices ou de tourmens, qui, sourds aux intérêts de la patrie, se mettraient en avant pour opposer à une telle réforme les obstacles de l'égoïsme? Ce n'est pas par des mots et des phrases artistement arrangés et emphatiquement prononcés, que l'amour du bien public et le sentiment de l'intérêt général se signalent! C'est par le sacrifice de soi-même, de ses vues personnelles, de ses propres affections. Il n'y a pas plus de difficulté à réduire le nombre des préfectures, qu'il y en avait à diminuer le nombre des conservateurs des forêts.

§ III.

De l'Administration de la Guerre.

Une armée à compléter exige des fonds

considérables. Les officiers, en général, ne sont pas fortunés. La solde des lieutenans et des sous-lieutenans est fort inférieure à leurs stricts besoins. Il y a lieu, justice et nécessité de l'augmenter. Si cela ne peut se faire sur des économies puisées dans les dépenses mêmes de cette partie du service, c'est une raison de plus de les chercher et de les réaliser dans les autres branches du service public.

Le gouvernement a fait un pas en supprimant les commandans des départemens chefs-lieux de division militaire, en refondant les inspecteurs aux revues et les commissaires des guerres dans un seul corps d'intendans et sous-intendans militaires. Mais il existe encore une surabondance : ce sont les généraux commandans de départemens.

Avant la révolution, il n'y avait dans chaque province qu'un commandant en chef et un commandant en second, et les provinces les plus vastes étaient aussi bien militairement commandées qu'aujourd'hui.

La suppression d'environ soixante commandans de départemens produirait une économie de quinze à dix-huit cent mille francs, qui, reversés sur les soldes des lieu-

tenans et sous-lieutenans, leur procure-
raient, sinon un mieux-être brillant, du
moins un juste soulagement.

Au surplus, il paraîtrait juste de conserver à ces généraux, pendant leur vie, leur
traitement si glorieusement mérité. En attendant, on peut prendre l'augmentation de
la solde des lieutenans et sous-lieutenans
sur des économies dans d'autres parties de
l'administration publique.

Il est encore probablement plusieurs
autres économies dans les détails de cette
administration, que des militaires expéri-
mentés peuvent mieux apercevoir que moi.
Je leur en laisse le soin.

§ IV.

Ministère de la Marine et des Colonies.

Tous les retranchemens possibles, sans
compromettre la dignité de la nation et le
rang que la France doit se conserver parmi
les puissances maritimes, ont été ordonnés
dans ce département. Aller au-delà, ce serait dépasser les limites d'une saine politique.

§ V.

Ministère des Affaires étrangères.

Il est heureusement organisé. Peut-être

même les traitemens des ambassadeurs et envoyés près des puissances étrangères ne correspondent point pour le moment à la grandeur de la nation : mais des temps plus prospères ameneront un sort plus brillant aux représentans d'un grand monarque chez nos alliés.

§ VI.

Police générale.

Ce ministère est supprimé ; mais avant cela on a attaqué, avec toutes sortes d'argumens, et le ministère et le ministre.

Le ministre est si supérieur, et en éloquence et en talens, qu'entreprendre d'enchérir sur la manière heureuse dont il a repoussé ces attaques, ce serait une impardonnable présomption. Tous les gens sensés sont convaincus qu'avec moins de mérite, il aurait eu moins d'ennemis.

Toutefois, honneur et gloire à l'énergie du souverain, qui en l'élevant à une haute dignité pour ses *bons et importans services,* a donné à l'Europe attentive une preuve de plus de la fermeté, de la grandeur de son caractère, et de sa sollicitude paternelle pour le bonheur de son peuple, qui ne peut le recouvrer complètement sans la tranquillité publique !

Quant aux attributions de ce département, soit qu'elles passent à celui de l'intérieur, ou qu'elles soient réunies à celui de la justice, elles sont infiniment plus précieuses qu'on ne veut le dire. La révolution et les malheurs qui en ont été la suite, sont encore à une trop petite distance de nous pour croire à cette *union* et à cet *oubli* si desirables, recommandés par les plus augustes victimes de ces temps infortunés. Quiconque a étudié le cœur humain, sait que plus un peuple est civilisé, plus les traces de ses révolutions sont longues à effacer, plus ses souvenirs sont durables et remuent les passions. L'Angleterre est à près de deux siècles de l'épouvantable catastrophe de son roi Charles 1.er, et les partis d'alors n'y sont pas tout-à-fait éteints. L'union et l'oubli sont les ouvrages du temps. Pour les obtenir généralement en France, en ce moment, il faudrait supposer à tous les Français des sentimens également héroïques et un égal degré de vertus évangéliques ou seulement sociales. Cette supposition ne peut être admise.

Dans de telles circonstances, l'œil de la

police doit être toujours ouvert. Il doit pénétrer jusque dans le plus petit hameau,
jusque dans le réduit le plus obscur, sans
toucher toutefois *à la liberté individuelle.*
Pour cela, il faut des fonds secrets et propor-
tionnés à l'étendue du royaume et de la
population, au magistrat qui y tient les rênes
de la police. Cette dépense publique doit
compter parmi les plus nécessaires, pendant
au moins trois générations. La suppression
produit néanmoins une économie. La police
n'est importune que pour les ennemis de la
monarchie, s'il en existe encore.

§ VII.

De l'Administration des Finances.

Je ne me propose point de discuter sur les
opérations qui ont eu lieu depuis la restau-
ration dans cette partie de l'administration
publique. Autorisées ou consacrées par des
lois, ces lois impriment le respect et le
silence à tous citoyens. Le ministre en a
sans doute été le fidèle exécuteur.

Mon dessein se borne à convaincre,
s'il m'est possible, de l'inutilité, pour ne
pas dire plus, de deux ressorts de son admi-

nistration, dont un coûte environ *sept millions*, l'autre bien davantage.

Le premier est la direction des contributions directes.

Le second est l'institution des percepteurs.

Lorsque M. le duc de Gaëte établit la direction des contributions directes, telle qu'elle est, la voix de *soixante-quatorze* conseils généraux de départemens s'éleva avec la plus grande force. Son inutilité, ses abus furent démontrés. Mais le gouvernement d'alors persista, d'après le principe de la multiplication des emplois, qui entrait essentiellement dans la politique de Buonaparte.

Le ministre ne tarda pas à reconnaître que cette institution était vraiment surabondante; mais pour lui donner quelque apparence d'utilité, et complaire à son maître, il l'associa à la confection du cadastre. Il lui en attribua quelques-unes des opérations. Il revêtit de broderies les employés. Elle acquit les couleurs de l'importance, couleurs fausses qui n'ont pu éblouir les hommes tant soit peu clairvoyans. Aussi, de temps à autre, quelques conseils généraux renouvellent leurs doléances sur cette

dépense de directeurs, inspecteurs, contrô-
leurs de contributions. Leurs instances paraissent porter l'empreinte de la justice et
de l'urgence dans le plan du retranchement
des dépenses publiques, devenu si nécessaire à la prospérité de l'état.

Pour juger de l'inutilité de cette direction,
sous le rapport des contributions, il suffit
d'en examiner les fonctions ;

Confectionner les matrices des rôles et les
rôles, les expédier ;

Veiller à la tenue des registres de mutations,

Former les rôles des patentes ,

Vérifier l'état des recettes des percepteurs
infidèles ou inexacts.

Donner des renseignemens et assister
aux expertises sur les demandes en dégrevement.

Confectionner les rôles. Mais qu'ont donc
à faire les *commis-répartiteurs* dans chaque
commune dont le service est gratuit ? Rien.

C'est donc préférer à ce service gratuit un
service onéreux. N'est-ce pas un abus ?

Rédiger les matrices des rôles. D'abord,
il est de notoriété que le contrôleur de contributions qui doit les écrire sous la dictée
des commis-répartiteurs, ne le fait pas. Il se

contente de leur demander s'il y a ou non des mutations déclarées, et le travail se fait à l'aveugle à la direction au chef - lieu du département. Le travail d'une année est calqué sur celui de l'année précédente. Il fourmille d'erreurs de noms, d'erreurs de de chiffres : de là cette prodigieuse quantité de cotes irrécouvrables, reversées en réimposé sur les rôles de l'année suivante, et qui augmentent le poids de l'impôt; de là cette multitude de demandes en dégrevément, où le contribuable lésé est encore forcé de payer une partie de sa cote par provision.

Expédier les rôles : mais par qui et comment se font ces expéditions, pour lesquelles le gouvernement alloue aux directeurs une forte rétribution par chaque article? Par des femmes, des enfans qui savent à peine former quelques chiffres et quelqnes lettres, qui se méprennent sur les prénoms, les noms et les chiffres, et sur le travail desquels les directeurs bénéficient de *tant* sur chaque article. Aussi les fautes, les incorrections, les surcharges, les omissions n'y sont pas rares.

Veiller à la tenue des registres de mutation. . . . . . Mais est-il besoin d'un préposé salarié pour exercer cette surveillance?

N'est-ce pas le soin naturel des commis-répartiteurs, qui ne coûtent rien, et dont le service se fait à l'alternative sur la nomination des préfets dans chaque commune ?...
D'ailleurs, quelle est la peine de celui qui a aliéné une propriété, ou qui l'a acquise, ou qui change de domicile, s'il s'agit de contribution personnelle et mobilière, et qui ne vient point le déclarer aux commis-répartiteurs? C'est de rester imposé. La masse de la contribution, soit foncière, soit mobilière, n'en souffre pas.

Vérifier l'état des recettes, les déficit des percepteurs infidèles ou inexacts..... Est-ce que ces vérifications ne peuvent pas se faire sans frais par les maires et leurs secrétaires (qui sont ordinairement les maîtres d'école dans les villages), et des hommes plus exercés dans les villes ? Qui est-ce qui est plus intéressé à surveiller les percepteurs que les receveurs particuliers dans leur propre intérêt, et les maires et adjoints dans celui de leurs communes exposées à payer le déficit dans le cas de déconfiture et d'insolvabilité du percepteur ? Le soin de la vérification leur est naturellement dévolu et ne doit rien coûter.

En ce qui regarde *les rôles des patentes,*

qui est-ce qui ignore que la direction ne les compose que sur les états des maires, indicatifs de noms et de professions ; que, n'ayant aucune connaissance personnelle des individus, elle ne peut rien changer à ces états ? Ses opérations en cette partie ne se font que par tradition, et ne sont qu'une surabondance nuisible dès qu'elle est coûteuse.

Quant aux expertises *sur les demandes en dégrevement*, à quoi peut y servir un contrôleur de contributions, qui ne connaît ni les localités , ni la valeur comparative des immeubles imposés ? N'est-ce pas l'ouvrage des commis-répartiteurs, qui possèdent essentiellement ces connaissances , et dont l'avis est nécessairement plus éclairé?

Il faut donc avouer que cette direction est inutile sous le rapport des contributions, qu'elle est même nuisible et entravante dans la confection et l'expédition des rôles ; que l'on peut aisément s'en passer ; que les rôles seraient infiniment mieux faits par les maires, les secrétaires de mairies, les commis-répartiteurs, sauf à en prendre les frais de rédaction sur les frais de bureaux des mairies , ce qui est une minutie ; qu'en chargeant les sous-préfets de les contrôler et de les arrêter, en leur allouant les frais d'un commis de plus, et les préfets de les rendre exécutoires; le service sera parfaitement rempli.

Cette direction n'est pas moins inutile pour la confection du cadastre. Si sa marche paraît lente et l'est en effet, il ne faut l'attribuer qu'à cette foule d'instructions ministérielles, à cette multitude de formes introduites pour scruter les valeurs comparatives des terres : ces instructions, qui composent aujourd'hui un Code presqu'*in-folio*, ont rendu l'art du cadastre aussi compliqué et abstrait qu'il aurait dû être simplifié. Je puis citer un exemple récent et frappant, à l'appui de mon opinion.

En 1788 l'autorité d'alors ordonná l'arpentage parcellaire d'un territoire d'environ douze cents hectares, avec classement de chaque fonds par nature et surface (*).

La commune fit marché avec un géomètre, qui se chargea du mesurage parcellaire, moyennant *cinq sous* à payer par les propriétaires par chaque corps d'héritages. Il s'obligea en outre de rassembler dans son livre d'arpentement toutes les propriétés de chaque individu, et de les désigner par

____

(*) Ce territoire est celui de *Cugney*, arrondissement de Gray, département de la Haute-Saône.

sites, contenances et confins, de manière
que chaque propriétaire en ouvrant le livre
eût sous ses yeux et de suite tout le détail
de ses fonds divisés, pour la valeur foncière,
en cinq classes : *bons, bons médiocres,
médiocres, médiocres mauvais, mauvais.*

La commune lui fournit six prud'hommes
du lieu pour indicateurs et estimateurs,
qui se dévouèrent gratuitement à ce service.
Le cadastre du territoire fut fait et parfait
en quatre mois de printemps et d'été, et dans
l'hiver suivant le livre parcellaire fut déposé
à la mairie. Les uns s'en procurèrent des expéditions complètes moyennant 36 francs
chaque ; d'autres se contentèrent de l'ex-
trait du parcellaire de leurs propriétés. La
satisfaction fut générale, et depuis trente
ans, il est inouï qu'il y ait eu dans cette
commune une seule plainte de surcharge,
une seule demande en dégrevement, une
seule action en trouble à la justice de paix.

Qu'est-il donc besoin d'une direction de
contributions pour répéter pareille opération dans chaque commune du royaume ?
Ne peut-on pas imiter celle que je viens de
citer, soit dans la sagesse de son entreprise,
soit dans la rapidité avec laquelle elle l'a
exécutée ? Ne peut-on pas en faire de même

simultanément dans les trente mille communes qui restent à cadastrer? Ne peut-on
pas y employer tout à la fois quarante à cinquante mille géomètres, des deux cent mille
et plus qui sont en France, et laisser les
communes libres de traiter avec eux, et de
leur fournir des indicateurs et estimateurs?
A quoi bon un impôt pour une opération à
laquelle tout propriétaire a tant d'intérêt,
et dont les frais sont naturellement à sa
charge? Dans ce plan, le cadastre général
et parcellaire du royaume peut être achevé
en moins de deux ans. Il ne me paraît pas
sage de faire durer la dépense et de prolon-
ger indéfiniment une opération aussi importante à l'intérêt privé qu'à l'intérêt général, pour le plaisir et le profit de quelques
individus, braves et honnêtes gens d'ailleurs, mais qui se battent les flancs pour pa-
raître nécessaires, tandis qu'ils ne se sentent
pas même utiles.

On m'objectera que le parcellaire de
chaque territoire, et l'estimation partielle
des terres qui le composent, ne sont que le
premier degré du cadastre général, en ce
qui touche l'intérêt financier du gouvernement; qu'après le cadastre particulier de
chaque territoire, il faut en venir à une éva-

luation comparative de territoires à territoires d'un même canton, et ensuite de cantons à cantons, d'arrondissemens à arrondissemens, de départemens à départemens.

J'en suis d'accord ; mais, pour tout cela ,
est-il besoin, je le répète, d'une direction
de contributions ?

Ne suffit-il pas d'une réunion de tous les
maires d'un canton cadastré, et des deux
plus forts propriétaires de chaque territoire,
devant le sous-préfet, pour asseoir et consentir l'évaluation comparative des territoires d'un même canton ; d'une seconde
réunion de tous les maires et adjoints et forts
propriétaires de l'arrondissement, devant le
sous-préfet, pour asseoir et consentir l'évaluation de chaque canton ; d'une troisième
réunion des sous-préfets et des conseils d'arrondissemens devant le préfet, pour faire
la même opération pour la totalité du département.

Ensuite, pour la consommation de ce
grand œuvre, c'est au ministre à aviser au
moyen d'établir la balance de l'évaluation
de département à département.

Toutefois on doit bien prévoir que ces
évaluations ne peuvent être immuables, et
qu'elles seront à renouveler à chaque pé-

riode de quarante à cinquante ans. La nature
constante dans son inconstance, se plaît à
répandre ses bienfaits et à en être avare dans
une succession variante de temps envers la
même contrée. Tel pays fertile aujourd'hui,
était un désert stérile il n'y a pas un siècle ; tel
autre stérile de nos jours, produisait abon-
damment autrefois. Les mœurs et les soins
de l'agriculture ont aussi beaucoup d'influence sur cette variation périodique, d'où
résultera l'impérieuse nécessité du renou-
vellement des évaluations cadastrées à des
époques indéterminées. Elles se feront par
le même mode, sans le secours d'une direction de contributions, à moins que l'abus
de son existence ne triomphe éternellement
des lumières de la raison.

L'institution des percepteurs à vie n'est
qu'une surcharge pour le peuple, s'il est
un moyen de recouvrer les contributions
presque sans frais, et avec toute l'exac-
titude desirable.

Cette institution ne fut encore imaginée
que par suite du funeste système de la multiplication des places. Buonaparte avait en
vue de revêtir des recettes de contributions
des militaires retirés. Cela fut recommandé
aux préfets. Il augmentait d'autant sa milice

civile. C'était une nouvelle carrière ouverte aux finances, et une mine importante à exploiter. Les cautionnemens, modiques d'abord, mais que l'on pouvait augmenter à volonté, en étaient la matière ; les taxations étaient à la charge des contribuables ; dès-lors, quelles qu'elles fussent, cela importait peu. Jusque-là les recettes de contributions et de biens communaux s'étaient données par enchères au rabais. Le plus grand nombre se faisait à 2 cent., 2 c. 1/2, 3 c. au plus par franc. En faveur des perceptions à vie, on les porta à 5 centimes. Les contributions furent augmentées de cinq pour cent, en centimes additionnels, qui, par la suite des événemens malheureux, ont monté à cinquante pour cent sur les principales contributions directes, et à *cent dix* sur une seule. . . . . ., de manière que, telle perception qui, dans l'origine, pouvait rapporter cinq à six cents francs, est actuellement un emploi de quinze à seize cents. Quelle charge pour le peuple ! Pourrait-on y rester insensible ?

Voici le moyen de l'en délivrer, ou du moins de l'adoucir le plus possible :

1.º Suppression des percepteurs de contributions ;

2.º Dans les villes chefs-lieux d'arrondissement, les receveurs particuliers, et dans les villes chefs-lieux de département les receveurs généraux feraient les recettes de contributions, moyennant *deux centimes* par franc, frais d'un ou deux commis ;

3.º Dans les communes rurales, la perception s'adjugerait à l'enchère, par le sous-préfet, à celui qui ferait la condition meilleure, et qui fournirait caution solvable, soit en argent, soit en immeubles, du montant total des contributions de chaque commune, pour une année ;

4.º Chaque année, au mois d'octobre, l'adjudication serait renouvelée pour l'année suivante ;

5.º Tout contribuable qui, au pénultième jour du mois, n'aurait pas payé à l'adjudicataire le douzième de ses contributions, serait contraint au paiement du double, sans espoir de remise, et ce dans les huit premiers jours du mois suivant ;

6.º L'adjudicataire serait tenu de verser les 1.ᵉʳ et 15 de chaque mois, le vingt-quatrième du montant de ses rôles intégralement ; par conséquent, de faire l'avance du premier vingt-quatrième le 15 janvier, à peine d'être contraint personnellement à une amende du quart du montant de ce versement, laquelle ne pourrait être ni remise ni modérée et serait recouvrée par le receveur particulier, et versée en addition à ses recettes, à la recette générale ;

7.º Il n'y aurait qu'un porteur de contraintes par canton, et un porteur particulier dans les villes chefs-lieux ;

8.º Les cautionnemens des percepteurs seraient remboursés par les communes de leur division, et chacune au prorata de leurs contributions, en trois années et par tiers, avec intérêts à cinq pour cent, soit sur les deniers libres ou sur ceux qu'elles ont à la caisse de service ou au trésor public provenant de la vente de leurs bois de réserve, soit sur des ventes de partie de leurs affouages, soit à ce défaut par des rôles de répartition sur la base des quatre contributions directes cumulées, lesquels rôles seraient formés par les conseils municipaux, arrêtés par les sous-préfets, visés et rendus exécutoires par les préfets.

Dans ce plan, on voit toutes les mesures réunies pour la sûreté des deniers publics, pour assurer et accélérer le paiement exact des contributions, pour débarrasser le peuple du spectacle presque journalier et onéreux de cette nuée de *garnisaires* qui frappent toujours sur le misérable et ne vivent qu'autour de lui, et enfin pour acquitter d'une manière insensible la dette des cautionnemens. Rien ne resterait en souffrance ; tout se paierait au jour nommé. Quel est le contribuable qui ne s'empresserait pas de porter à l'adjudicataire de la recette son douzième du mois avant le pénultième jour, pour s'éviter d'en payer le double ? Quel est l'adjudicataire qui se résoudrait à encourir l'amende en se dispensant de verser les 1.er et 15 de chaque mois son vingt-quatrième ? Alors nul besoin de ces inspecteurs généraux de contributions à traitemens considérables, parcourant tous les ans huit à dix départemens, par manière de promenade, sans qu'il en résulte un centime de plus au trésor public ? Quelle concurrence, ou plutôt quelle rivalité on verrait s'établir entre les divers prétendans aux adjudications de recettes au rabais ?

Lorsque ces adjudications étaient en usage, il n'était pas rare d'en voir à *un centime.*

Les plus forts propriétaires résidans, pour s'éviter et à leurs concitoyens de payer plus, enchérissent au plus bas.

Il est impossible de calculer le résultat de l'économie proposée ; mais on peut par aperçu la porter à plus de *quinze millions*. Ne fût-elle que de *dix*, elle n'est pas à négliger ; et qu'est-ce pour deux, trois ou quatre communes, que le remboursement par tiers dans trois années, de 1200, 1500, 2000 ou 2500 francs au plus de cautionnement à leur percepteur actuel ? Trois ou quatre centimes de taxation gagnés à sa suppression les indemnisent de ce remboursement, sans compter le profit des remises sur les revenus communaux !

Je ne me flatte point d'avoir abordé toutes les espèces d'économies qui peuvent s'effectuer pour venir à la décharge de la principale des contributions. S'il est démontré que les terres les supportent toutes ou directement ou indirectement, c'est la plus directe qui doit d'abord en recueillir le fruit. En récapitulant les moyens de diminution que je propose, je pense n'avoir rien hasardé, en débutant par avancer qu'elle peut être aisément réduite de deux cinquièmes.

En effet, en la supposant seulement de quatre cent millions avec tous les centimes accessoires, si les taxes sur les capitaux doivent produire. . . . . . . 133,000,000 fr.

La réduction des tribu-
naux et des cours royales. .　　4,000,000

La réduction des préfec-
tures. . . . .　　2,000,000

La suppression des com-
mandans de département. .　　1,800,000

La suppression de la di-
rection des contributions..　　7,000,000

La suppression des per-
cepteurs. . . . .　　10,000,000
____

Le résultat sera . . . . . 157,800,000 fr.

Or, cent cinquante-sept millions déduits
de quatre cents, restent deux cent qua-
rante-trois millions à la charge de la contribution foncière. Ce fut à trois millions près
le taux auquel son principal fut fixé en
1790. C'est même peut-être trop d'après cette
considération que tout autre impôt, quelque
indirect qu'il soit, pèse sur la propriété
foncière.

Il faut faire attention que mes calculs
approximatifs sur les économies et sur la
taxe des capitaux, sont à la plus basse che-
ville, et je ne doute pas que par des calculs
plus fixes on ne trouve un bénéfice plus
considérable.

Puissent les arbitres de nos destinées n'oublier jamais que la propriété foncière est la seule richesse réelle de l'état! Une fois relevée de son discrédit, la France pourra tout ce qu'elle voudra. Au sein de la paix universelle, elle aura toute latitude pour éteindre avec rapidité la dette publique. L'agriculture reflorissante fournira à tous les besoins. Le luxe même viendra mendier ses secours et ses ressources. Ses premiers honneurs sont à la vérité perdus pour jamais, depuis que les métaux sont devenus la représentation de la richesse, et depuis que la civilisation s'est élevée à un si haut degré; mais du moins en adoucissant le joug imposé à la *terre,* celle-ci oubliera l'affront qu'elle a reçu des hommes. Les vœux de Caton, de Cicéron, de Xénophon et de Pline seront accomplis par les soins paternels d'un monarque estimé, admiré de toute l'Europe, universellement chéri de ses sujets et si digne de l'être, d'un Roi dont les vertus sont parvenues à faire de nos plus redoutables ennemis des amis généreux, fidèles, magnanimes.

A DIJON, DE L'IMPRIMERIE DE CARION. 1819.

ERRATUM.

Dans plusieurs exemplaires, page 90, ligne 23, *on lit :* Mon dessein se borne à le convaincre ; *lisez :* Mon dessein se borne à convaincre.